생명의 미소

| 홍승만 시집 |

생명의 미소

창조문예사

 작가의 말

　무엇보다도 두 번째 시집을 펴낼 수 있도록 용기 주시고 축복하신 주님께 감사와 영광을 올립니다. 주님께서 글을 쓰도록 영감을 주시고 세상에 펴도록 격려해 주셨습니다.
　금번 2집에는 72편의 신규 시에 1집에서 48편을 추려 총 120편으로 엮었습니다. 아름다운 삽화와 멋진 편집으로 본 시집을 발행해 주신 창조문예사의 임만호 대표님께 심심한 사의를 표합니다.
　본 시집 『생명의 미소』가 펼쳐지는 곳마다 주님 기뻐하시며 영광 받으시기를 소망합니다.

작가 홍승만

# 차례

작가의 말　　　　　　　5

1부_ 생명의 미소

그리운 님의 편지　　　　　13
마음은 간절하나　　　　　14
믿음의 삶　　　　　　　　16
또, 새해를 맞으며　　　　　18
나의 생명 나의 님　　　　　20
생명의 미소　　　　　　　21
오직 하나　　　　　　　　22
님은 나의 힘　　　　　　　24
죄 없는 자가 먼저 돌로 쳐라　26
새벽 깨우기　　　　　　　28
위로　　　　　　　　　　29
삶의 기쁨　　　　　　　　30
아, 내 맘속에 그대여　　　　32
좁은 길, 생명의 길　　　　　33
그리운 고향　　　　　　　34

2부_ 오, 님이여

오직 십자가　　　　　　　37
인생의 소망　　　　　　　38
오, 님이여　　　　　　　　40

눈물	42
행복의 열쇠	44
한줌 재 되어	45
나의 풋대	46
님과의 동행	48
순례자에게	50
님의 길	51
내 마음	52
신묘막측하시어라	53
어느 순간 문득	54
숨 쉬는 순간마다	56
기쁨의 호수	58

3부_ 은혜의 눈물

나의 아버지	61
너무 행복합니다	62
은혜의 눈물	64
세월은 흐르네	66
말씀의 기도, 나의 기도	68
할렐루야 아멘!	70
우연은 없다	72
님의 슬픔	74
사모하는 님	76
기도	78
새벽아	82
내 영혼의 님께	84
새해 첫 주일에	85
추억	86
오직 믿음으로	87

4부_ 처음 사랑

예수의 흔적을 가졌노라　　91
벗을 보내며　　92
처음 사랑　　94
내 님이여　　96
님께 매달림　　98
귀하고 귀하다　　100
부르심　　102
당신　　103
돌아보옵소서　　104
기쁨의 근원　　106
백설을 보며　　108
가슴은 불타고　　109
할렐루야! 성령이여!　　110
믿음의 기쁨　　112
빛이 있으라　　113

5부_ 당신은 누구시길래

님과 하나　　121
참 좋은 친구　　122
당신은 누구시길래　　124
님의 눈물　　126
믿음을 연습하자　　128
영원한 현실　　130
믿음과 의심　　132
일심동체　　134
하나님처럼　　135
어서 오소서　　136

잠잠히	138
그 겨울의 주님	139
주님이 하신다	142
새벽을 깨우리로다	144
주님 얼굴 바라라	146

6부_ 새벽 찬가

한 걸음씩	151
고난을 감사함	152
새벽 찬가	154
구월이 오면	156
내 삶의 초점	158
하나 됨	160
나이 탓일까	162
여호와가 사랑하는 사람	164
음성	165
우리 그렇게 살자	166
그 고향집 향해	168
님과 나의 만남	170
그런 사람이고 싶다	171
주님을 사랑합니다	172
회개하라	174

7부_ 그립다

님의 계시	179
사랑하는 벗에게	180
그립다	182

주님의 사람	184
말씀 위에 설 때	186
님의 품	188
님은 나의 최고봉	190
신비	192
그날이 가깝다오	194
나 그렇게 살리	196
내 영혼의 때를 위하여	198
열매	199
그리움	200
보시기 좋게 이루소서	202
놀라운 주님의 은혜	203

8부_ 기도는 마음의 고향

달	207
내 마음 2	208
기도는 마음의 고향	210
여호와께 기도하거든	212
새벽지기	216
빛과 어둠	218
님은 누구신가요	220
도리를 하자	222
마음과 마음으로	224
동산에 올라	226
오! 주님	230
오! 디베랴 바다여	231
나의 님에게	234
빠른 세월 속에 남는 그리움	236
우리 부부 2	237

1부
생명의 미소

그리운 님의 편지 • 마음은 간절하나 • 믿음의 삶
또, 새해를 맞으며 • 나의 생명 나의 님 • 생명의 미소
오직 하나 • 님은 나의 힘 • 죄 없는 자가 먼저 돌로 쳐라
새벽 깨우기 • 위로 • 삶의 기쁨 • 아, 내 맘속에 그대여
좁은 길, 생명의 길 • 그리운 고향

그리운 님의 편지

내게 소중한 님의 편지 있네
고운 내 님 보내 준 달콤한 편지들
그리운 고운 내 님 생각에 편지 펴서
읽고 또 읽으며 고운 내 님 그리네

내 님 보내 주신 고운 마음을 읽네
한 마디 한 소절 한 구절 곱씹어 읽네
내 님의 날 향한 애틋한 사랑 와닿네
우수수 지는 낙엽 밟으며 사랑 편지 읽네

내 님 떠났어도 귀한 편지 남기셨네
내 님 보낸 사랑의 사연 맘속에 새기네
내 님의 편지로 미소 짓고 회한의 눈물 흘리네
님 보내 준 편지 들고 님 만날 날 고대하네

그리운 내 님의 고운 편지 언제나 내 맘에 있네
님의 밀어는 내게 참 기쁨이요 위로요 소망이네
애틋하고 벅찬 환희에 그리운 마음 불타오르네
그리운 님의 편지로 내 님 계신 영원한 나라 그리네

마음은 간절하나

마음은 간절하나
주님의 높으신 영광을,
제 깊은 감사와 찬미를
글이나 음악으로
그림이나 그 무엇으로
표현할 능력 없는
나의 무능함에
가슴 답답합니다

감명 깊은 글 읽으며
황홀한 선율의 음악 들으며
아름다운 명화와 조각품 보며
그들은 과연 누구일까
얼마나 비범한 자들인가
부러운 생각에 한숨 쉰다

나의 님께 고백합니다
님 주신 달란트 묻어 두고
안일하고 게을렀지요
님의 걸작품으로 보내셨건만
님의 기쁘신 뜻 이루지 못했지요

주님! 회개하며 기도합니다
님 기뻐하실 영원불멸의
아름다운 찬미 시 한 편 주소서
그리하여 오고 오는 세대에
주님께 영광되게 하옵소서

믿음의 삶

작은 일에 미미한 일에
이름도 빛도 안 나는 일에
아무도 주목하는 이 없는 일에
그대는 죽도록 충성하는가
하늘 생명록에 그대 이름이
찬란히 기록됨을 기뻐하라

겨자씨만 한 믿음일지라도
그 믿음이 바라는 것들의 실상임을
그대를 돕는 자가 여호와임을
그대 과연 진실로 믿는 자인가
십자가가 무한 영광임을 깨닫는가
그대의 십자가는 그대의 영광이네

일상 삶이 지루한 듯 느껴지더라도
비록 우뢰 속에서 주 음성 못 들을지라도
따르는 표적과 기적이 안 뵐지라도
믿음으로 묵묵히 순종하는 삶이
주님 원하시는 신실한 믿음의 삶이려니

주여 주를 위한 모든 기회를 볼 눈을
또 그것을 잡을 수 있는 은혜를 주옵소서

또, 새해를 맞으며

새롭고 새롭다
늘 새롭다

맞을 새해는
창조 이후 처음 맞는
새로운 새해이다

어느 것 하나인들
지나간 낡은 것이며
새로울 것 없다 하리오

만물을 늘 새롭게
만유를 새롭게 경이롭게
님 쉼 없이 새롭게 빚으신다

매일 솟는 저 해조차
새해 아침 맞는 해는
분명 새해의 새 해이다

새해 새벽 깨우시며
내 영혼에 새 힘 채우고
정직한 새 영 가득 부으시네

새 마음 새 소망 새 능력 주사
새해 주신 여호와를
온 힘 다해 찬양케 하신다

그대여 새해에는
새벽이슬 청년처럼
님 맡기신 새 일 행하세

나의 생명 나의 님

늦가을 새벽 바깥은 캄캄한데
창밖으로 비바람 소리 요란하다

나래 단 내 마음 이내 님 찾아 나르고
정든 나의 님 내 손 꼭 잡고 가신다

늦가을 새벽 몰아친 비바람에
마지막 가을 잎들 모두 떨어지네

찬바람에 흩뿌리는 비에 낙엽에
푹 젖어 깔린 낙엽으로 미끄러운 길이나

내 님 내 손 꼭 잡고 가는 길이라서
전혀 미끄럽지 않고 두렵지 않네

가슴 가득 뿌듯한 기쁨에 노래하네
나의 생명 나의 전부 되시는 내 님으로

늦가을 새벽 캄캄한 미끄러운 길도
내 님 내 손 꼭 잡고 가니 큰 기쁨 솟네

생명의 미소

내 맘속에 한번 박힌 님의 음성
맘속 깊이 감추어져 늘 속삭이네
낮에도 밤에도 꿈속에서도
반짝이는 찬란한 별빛 되어 속삭이네
아! 천년을 하루같이 하루를 천년처럼
마음과 마음으로 흐르는 생명의 음성

내 영혼에 깊이 박힌 님의 모습
내 영혼 속 새기어져 늘 미소하네
걸어가도 뛰어가도 서서 있어도
고귀하고 아름다운 보석처럼 미소 짓네
아! 천년을 하루같이 하루를 천년처럼
영혼에서 영혼으로 흐르는 생명의 미소

내 삶 속에 뿌리박힌 님의 말씀
내 맘속에 영혼 속에 늘 함께하네
거친 풍랑 메마른 광야 삶 가운데서
내 눈에 등불 되고 내 앞길에 빛 되셨네
아! 천년을 하루같이 하루를 천년처럼
마음으로 영혼으로 흐르는 님의 말씀

오직 하나

오직 하나인 나의 님
님의 고운 음성 내 맘속 깊이 박혀
나의 사랑 나의 기쁨 내 전부라네

내 님 어디 계실까
내 님 에덴동산 내 맘속 계시네
날 향하신 내 님 사랑 한결같네
처음과 나중 그 사랑 영원히 변찮네

님이여 물밀듯 부으시는 사랑으로
내 전부를 소유하소서
님은 사랑으로 날 사셨다오

내 님 어디 계실까
임마누엘로 나와 늘 함께 계시네
내 몸을 님 거하시는 처소 삼으시고
오직 나를 내 님의 기쁨 삼으시네

님께 내 것이라 주장할 것 없다오
참 은혜 넘치도록 마음에 겨워
오직 님 위해 살고 죽으려 하오

내 님 어디 계실까
내 영혼 날로 깊이 님 알기 원하네
사랑하는 님의 본심 점점 더 아네
내 님 알수록 더욱 님과 가까워지네

나를 사신 무한한 사랑의 값에
님만을 내 삶의 유일한 목적 삼고
나의 주권과 감사와 노래 바치리다

님은 나의 힘

님이 오직 나의 힘입니다
마음에 입술에 새 노래 주시고

충만한 기쁨으로 구원의 우물에서
님 주신 영생의 물을 긷습니다

님은 폭풍 중에 피난처시며
폭양을 피해 주는 그늘이십니다

내 상처를 싸매 주시고
맞은 자리를 고쳐 주십니다

님은 나의 목자입니다
날 생명수 샘가로 인도하시고

내 모든 눈물을 씻어 주시고
님의 날개 안에서 쉼을 주십니다

나는 님을 소유했습니다
나는 오직 님께 속했습니다

님과 난 영원히 하나 되었습니다
나의 님 영원토록 나의 힘입니다

죄 없는 자가 먼저 돌로 쳐라

난 참 위선자 중 위선자다
바리새인은 저리 가랄 정도로
새벽 기도 힘들고 귀찮아도
목사님 미안하고 교인 의식해
오랜 세월 새벽을 깨웠다

난 참 양의 탈 쓴 이리다
주의 좌편에 우편에 앉으려 한다
잔치 자리 상석 앉길 즐겨 한다
금가락지 낀 자를 받들었으며
거지 나사로를 경멸했다

말로만 과부 고아를 불쌍타 하며
목말라 하는 자에게 한 잔 물 주기에도 인색했다
나 혼자만 주님 나라와 의를 추구하는 양
하늘 감히 우러르지 못한 채
죄인이라 고백하는 세리의 진실을 짓밟았다

끊임없이 안목과 육신의 정욕을 추구했으며
이생의 자랑에 탐닉했고
안 그런 척 초월한 척 경건의 가면 쓰고
소유의 많고 적음으로 신앙의 축복 여부를 저울질하며
금은을 장막에 묻어 숨긴 아간이었다

주님 십자가 앞에서 내 영달을 위해 부르짖으며
그것이 주님 남기신 고난의 잔을 마시는 거라고
기만해 온 뻔뻔스러운 회칠한 무덤 믿음이다
나도 너를 정죄하지 아니하노니 가서 다시는 죄를 범치
말라(요 8:11)

위선자들이여! 온 양 떼를 위하여 자기 피로 사신
주님 세우신 교회의 영광을 위해 사십시오. 지금부터……

새벽 깨우기

새벽 그 시간
님 틀림없이 오시네
잠에 취한 꿈에 취한
날 흔들어 깨우시네

날 침상에서 일으켜 앉히고
심호흡 다리 팔 주무르시네
정신과 영을 마음 맑히시사
벌떡 일어나 뛸 힘 주시네

님과의 사랑의 약속 일깨우시고
님의 노래 읊조리게 하시네
님 주신 사랑의 밀어와
꿈과 소망을 가슴 듬뿍 채우시네

오, 새벽마다 날 깨우시는 내 님이여
흔들며 속삭이며 깨워 새 힘 주시고
새로운 새날을 새 각오로 시작케 하니
내 온 맘과 정성 다해 주만 의지하리

위로

마음 아프신가요
사는 것이 아픔입니다
어려울 때가 많지요

기쁨은 잠시뿐
다시금 물결 일고
풍랑 치는 나날입니다

그러나 잊지 마십시오
어렵고 괴로운 시간들도
영원과 견줄 때 찰나임을

삶의 어려움들은 지나갑니다
아침 안개처럼 들꽃처럼
그러나 약속은 불변하지요

영원한 상급을 소망하세요
장차 받을 영원한 영광을
현세의 고통과 바꾸시렵니까

삶의 기쁨

밝은 햇살이
따사롭게 비치고
살랑 부는 미풍 따라
연록 빛 나뭇잎들 흔들리네

나뭇가지에 앉아
아름다운 노래 부르는
저 이름 모를 새소리
늘 즐겨 듣는 음악 선율

삶은 어찌 아름다운지요
마음속 흠뻑 넘치는
평화와 감미로움
이 아침 난 너무 행복하네

삶이 날 속인다 생각 말라
삶은 고달프다 하지 말라
주어진 삶을 기뻐하라
현재의 삶에 늘 감사하라

늘 여유를 가지고
삶의 순간들에 최선을 다하며
어제도 오늘도 또 내일을 감사할 때
삶은 벅찬 기쁨 안겨 주리라

아, 내 맘속에 그대여

그대 내 맘속에 깊이 박혀져
그대만을 그대만을 늘 사모하네
낮에도 밤에도 꿈속에서도
그대만을 사모하여 애가 탄다오

시간 흘러 세월 가고 계절 바뀌나
그대 마음 그대 생각 마냥 그리워
새벽을 깨고 깨어 그대 곁으로
소곤소곤 내 사랑의 밀어 전하네

천년이 오고 간들 어찌 꺼질까
그대 향한 불타는 나의 이 정열
아 — 그 날 위해 내 가슴 불타고
그대 만날 영원의 날을 손꼽아 보네

좁은 길, 생명의 길

이 생명 다 바쳐서 주님을 사랑하고
내 일생 다하도록 주님만 따르리라
내 주님 따르는 길 험하고 어려워도
좁은 길 험난한 길 생명의 길 영생의 길

여호와 주 하나님 나의 주 할렐루야
외롭고 괴로워도 주님만 부르리라
인생길 피곤하고 두렵고 무서워도
주님만 바라보면 소망이 차고 넘쳐

찬미와 찬양으로 주님을 찬송하자
주 음성 들으리라 성령 불 받으리라
좁은 문 들어가서 천국을 소유하리
좁은 길 골고다 길 생명의 길 면류관 길

그리운 고향

누구에게나
고향이 있다
늘 마음속에 자리하여
아련한 추억들을 들춰내 준다
내 어린 시절 뛰놀던 곳
이제는 흔적도 없으나
그 당시 존재했던 논두렁 밭두렁 길
그 길들이 생각나서 그립다
골목골목 누비며 뛰놀던 곳
환하게 보름달 밝은 밤엔
그림자밟기 하며 웃던 곳
딱지치기 구슬치기 술래잡기
아련히 스쳐 가는 추억
아릿한 무릇 맛처럼 감미롭다
바다 멀리 고향이 그립고
마음속 애틋한 추억들이 그립다
고향 내 고향 그리운 고향
그 고향엔 내 꿈이 내 추억의
모든 것이 고스란히 간직돼 있다
아! 그래서 난 내 영원한 고향에
돌아가길 기도하게 되었나 보다

2부
오, 님이여

오직 십자가 • 인생의 소망 • 오, 님이여 • 눈물 • 행복의 열쇠
한줌 재 되어 • 나의 푯대 • 님과의 동행 • 순례자에게
님의 길 • 내 마음 • 신묘막측하시어라 • 어느 순간 문득
숨 쉬는 순간마다 • 기쁨의 호수

오직 십자가

주님 알아 갈수록
십자가 빼고 주님 말할 수 없네
은혜 주셔서 믿음 더해 갈수록
주님의 십자가 의미 깨닫게 하네

내 영혼에 늘 살아 움직이는 생동감
내 삶에 부어 주시는 넘치는 힘과 능력
남은 삶 모두 드리고 싶은 믿음 부으심
모두 내게 주시는 십자가 은혜일세

십자가 십자가 오직 십자가
십자가 없이는 주님 생각 못 하네
오직 십자가 공로로
주 안에서 내 안에서 하나 되었네

내 힘으로 어찌 주님 만날까
내 힘으로 어찌 십자가 참뜻 알았을까
오직 내 님의 은혜 십자가의 은혜일세
십자가 묵상할 때 피눈물 흐르네

인생의 소망

인생은 연약하고
인생은 한 뼘 길이처럼 짧고
인생은 허사뿐이라

진실로 사람은 그림자같이 다니고
헛된 일로 소란하며
재물을 쌓으나
누가 거둘는지 알지 못하네

인생아
무엇을 바랄 것이랴
인생의 소망은
오직 주께만 있음이여(시 39:4-7)

진실로 주 안에 강함이 있고
주 안에 영생의 삶이 있으며
주 안에 인생의 참 가치 있네

진실로 주 안에서 자신을 알며
소란한 세상에서 요동치 않으며
세상 헛된 재물 하늘에 쌓으므로
영원을 지혜롭게 준비해 가네

주님의 저울에 달리울 때
주의 긍휼과 은혜 입세
인생아 무엇을 더 바랄 것이랴
인생의 소망은 영원한 영광 중에
오직 주와 함께 영생을 누리는 것일세

오, 님이여

내 마음 아시는 님이여
오, 님 생각으로 가슴 터질 듯한
내 마음 헤아리시나요

내 주님만이
나의 모든 것 되심으로
님만을 높이고 따릅니다

님이여 입술 열어 말하소서
님이여 사랑스레 만져 주소서
님의 따듯한 숨결 부으소서

내 사랑하는 내 님이여
들을 수 있게 하심으로
볼 수 있게 존재하심으로

내 소원 만족게 하소서
님을 내게 나타내소서
오, 내 사랑 내 님이여

님 향해 불타오르는
내 심장을 내 영혼을
님이시여 받아 주소서

눈물

어둠에 갇혀
오직 눈물 흘리는 외에
다른 길 없는 그대여

실로 험하고
고난으로 가득한 삶
그대 오직 눈물 흘릴 수밖에

사랑하는 자의 죽음 앞에
우리 님 눈물 흘리시네
참사람의 마음 가지신 님이여

속고 상처받고
캄캄한 절망 속에서 우는
그대와 함께 눈물 흘리네

오, 그대여 햇빛 보아라
그대 눈물 말리는 님 바라보라
님이 그대 위해 눈물 흘리네

어서 님께 달려가거라
그대 위해 대신 눈물 흘리며
그대 아픔 고치시는 님에게로

오, 님의 연민의 가슴이여
그대 약함 체휼하신 그 사랑이여
충만한 하늘사랑으로 덧입히시리

행복의 열쇠

내 님은 지혜와 행복의 보고라오
필요할 때 언제든 열쇠로 열지요

내게 주시는 넘치는 축복 보면서
그대 부러운 생각 드는가

내 님은 실로 내게
행복과 기쁨의 근원이네

내 님은 나의 힘 나의 능력이네
그대 내가 부러운가

나의 받는 복 부러워하는 자여
내 님 지신 십자가가 열쇠라네

내가 높이고 따르는 십자가 안에
나의 행복 지혜 기쁨이 있다네

시와 찬미와 신령한 믿음으로
십자가를 따를 때 그대 행복해지네

한줌 재 되어

그립다 내 님이여 그리운 님이여
내 맘속 가득 찬 그리움이다
그 님 누구인가 내 님 누구인가
애틋한 마음, 아련한 마음이여

님 생각에 님 생각으로
이 새벽 또, 내 눈에 눈물 어리네
마음 우네 마음이 오열하네

님이여, 그리운 님이여
사모하는 님이여
이다지 내 맘 태우는 님이여
타다, 타다, 타다가……

한줌 재 되기까지 타 버리면
강물로 바다로 하늘로 님에게로
뿌리리라 흩뿌려 날리리라

그리움의 끝자락 그 끝까지
태우고 타고 타다 한줌 재 되어
사랑하는 내 님 품에 안기우리

나의 푯대

님은 내 최종 목표입니다
날 부르셔서
꼼짝달싹 못 하게
님께 붙들어 두셨지만
제풀에 스러지곤 합니다

님은 내 삶 궁극의 목표지요
내가 님을 꼭 잡은 줄 알았으나
날 잡은 건 실은 님이지요
뒤엣것들일랑 잊었습니다
허나 옛 성품은 여전하네요

님은 내 생명의 전부입니다
그 마음 인격 분량을 닮기 원하지요
님처럼 완전히 거룩하고 싶습니다
도달할 길 요원한 꿈일 뿐일까
부르신 부름의 상을 잡고 싶습니다

님은 나의 절대적 푯대십니다
님 말씀 가슴에 품고 님 구합니다
님과 온전히 하나 되고픈 바람이지요
계속 님 잡으려 푯대 좇아갑니다
님께 잡힌 바 된 내게 님 잡힐 때까지

님과의 동행

나의 꿈 나의 님이여
꿈속에도 님과 함께하며
내 마음 님만으로 가득합니다
두둥실 흰 구름에 앉아 계신 듯한
내 님 옆에서 님을 찬미합니다
저 잔잔한 바다 위 갈매기처럼
잔잔한 은물결의 속삭임처럼
내 사랑하는 님께 속삭입니다
내 님은 샛노란 봄의 개나리로
눈부시도록 우아한 자색 목련으로
짙은 남빛의 히아신스 향기로
날 포옥 감싸 주십니다
새벽을 깨워 님 향해 갈 때
지저귀는 새소리로 반기십니다

나의 꿈 나의 님이여

나는 님에 취해 꿈에 취해

그리움에 사모의 정에 취해

꿈에서도 삶 속에서도

앉으나 서나 무얼 하든지

님과, 나의 님과 속삭입니다

내게 님의 사랑 가득 부으시고

나로 온 맘 다해 님께 되붓도록

온통 날 이끄시니 님은 놀랍습니다

나의 님은 실로 영원부터 영원까지

나와 동행해 오신 바로 나의 본체십니다

순례자에게

그대 순례자여!
취미 위해 예배에 게으르지 말자
청함 받은 잔치 사양하고 성전 향하자
달콤한 잠 유혹 깨어 새벽의 님을 만나자

육신의 쾌락에 빠져 그대의 약함을 변명 말자
사람은 본래 약한 존재라 푸념하지 말자
부여받은 자유함과 의지로 주께 구하라 이루리라
그대의 결단 결심 의지의 실행을 사단은 늘 막네

그대 몸은 성령 거하는 집이네
임마누엘로 함께하는 고귀한 님의 처소이네
호흡으로 생명으로 믿음으로 순종으로 제물 되세
그대 삶 드림이 산제사며 믿음이네
두렵고 떨리는 맘으로 온전한 구원 이루세

순례자의 길은 푯대만 향해 가는
경주자의 길이요 군사의 길이요 십자가의 길이네
그대 님 대면하는 날 정녕 부끄럽지 않으리라
님이 존귀와 생명의 면류관 그대에게 주시리라

님의 길

그대 하늘 향해 마음과 손 들라
전심으로 주를 바라라
인생으로 고생하며 근심케 함이
님의 본심이 아님을 알라

세상 어둔 소식 기승부릴수록
가슴에 더욱 믿음의 불길 타오르게 하라
어둔 시련은 우리 회개 촉구하는
님의 깊은 사랑이려니

님의 길로 행하라
두렵고 떨림으로 구원을 이루라
눈도 귀도 입도 마음도
할례받으라 님의 얼굴 바라라

땅이 단물 내리라
하늘에서 이슬 내려 주리라
포도나무에 열매 주리라
평안한 풍성한 추수 주리라

내 마음

옥합 속에 나드 향유
가득 차 있듯
내 마음 가득
채우고 있는 이 믿음

나드 향유 가득 찬
옥합을 깨어
주님 발 씻었던
그 여인처럼

내 맘 가득
채운 이 믿음을
주님께 가득
부어 드리고 싶다

신묘막측하시어라

무한 높으시되 낮은 내 가슴에도 계시며
거룩하고 고귀하시나 낮고 천한 자리 오시고
힘과 능력 생명의 근원이신 그가 나 구하려
힘없고 나약한 갈대처럼 생명까지 주셨다

말씀으로 지으시고 끝없이 새롭게 하시며
졸지도 주무시지도 아니하며 열심히 일하신다
일찍이 아담 하와의 실패를 아시고
인간 구원의 대드라마를 계획하시고 성취하셨다

공중 나는 새를 먹이시며 들에 백합화를 키우신다
먹을 것 입을 것 마실 것 염려 근심 말라 하시니
그대 영원한 님의 영광에 참여할 자로 선택된 자여
세상 삶에 연연치 말고 주의 영광과 구원에 감사하세

그는 실로 신묘막측하시니
우리 인생이 어찌 그의 광대하심을 높음을 거룩함을
전지전능 무소불능 선하심을 그의 지혜와 명철을 알 리요
그저 성경에 이르신 주 하나님 말씀대로 순종하며 살아가세

어느 순간 문득

어느 순간 문득
삶을 생각합니다
어떻게 내 삶이 시작되었으며
내 삶의 끝은 어찌 될까
삶, 죽음, 그리고 그 이후
삶의 이편과 저편에 대한 의문

나의 되어진 것도
나의 삶이 시작된 것도
나의 선택이 아니었듯이
이미 영원 전 날 부르신
그분께서 예정한 섭리 따라
가나안을 향해 가는 순례의 길

내 삶이 그렇게 시작되었듯
그대 또한 태초에 작정되어
우리 삶의 주관자에 의해
영원의 아름다운 나라로
옮기우는 과정이 삶이라면
여유와 안식 없는 삶은 잘못 아닐까

삶을 주관하는 절대자에게
자신을 맡기고
쉼과 평화, 여유로움과 안식을 누리자
생각해 보면 삶은 은혜요 감사할 날들로서
그 삶이 영원으로 이어질진대
우리 삶은 실로 무한한 축복 아닌가

숨 쉬는 순간마다

숨 쉬는 순간마다
내 의식 속에
주님만으로
채워져 있는
나입니다

입으로 말하면서도
내 생각 속에서는
주님 영이
날 사로잡고
날 조정합니다

삶의 격렬함 속에서
분노로 떨기도 하나
내 영혼 깊은 곳에서
주님 생각하며
안타까워합니다

난 누구인가?
내 삶은 어떻게 끝날까
순간마다 숨 쉴 때마다
조금씩이나마
과연 주님 닮고 있는지……

기쁨의 호수

어둠이 빛 앞에서 스러지듯
님 안에서 나는 녹아 버립니다
강퍅함도 서럽던 마음도
님께 낱낱이 말한 후면
아니 내 가슴 격정 쏟은 후엔
다시 잔잔한 호수가 됩니다
지금 하늘은 거대한 호수입니다
잔잔한 미풍에 은물결 찰랑이듯
푸르른 호수 같은 하늘에
흩뿌려 논 깃털처럼 흰 구름 드리웠습니다
지금 내 마음도 호수입니다
비록 님은 떠나고 곁에 없지만
내 영혼 속에서 속삭이는
님의 다정한 속삭임으로
호수 된 내 마음에 기쁨이 출렁입니다
님은 내 호수요 기쁨이요 하늘입니다

3부
은혜의 눈물

나의 아버지 • 너무 행복합니다 • 은혜의 눈물
세월은 흐르네 • 말씀의 기도, 나의 기도 • 할렐루야 아멘!
우연은 없다 • 님의 슬픔 • 사모하는 님 • 기도 • 새벽아
내 영혼의 님께 • 새해 첫 주일에 • 추억 • 오직 믿음으로

나의 아버지

나의 아버지는
많은 사람에게 착하고 관대한
좋은 인품을 타고나셨다

한자 이름 석 자 풀이한 뜻이
바로 그의 성품이요 삶이셨다
마음이 넓고 넓으셨고
너그럽고 베풀기 좋아하고
천성이 착해 하는 일이 선하셨다

아버지를 회상할 때
그에게 선한 행위의 삶과
매사 너그럽고 착하도록
그 영혼에 아름다운 성품 심어
이 땅에 보내 주심에 감사하다

나의 아버지! 나의 아버지!
하늘 주신 양심대로 사신 아버지
본향에서 만나 뵙길 기도한다

너무 행복합니다

그대는 눈부신 찬란한 태양입니다
그대의 빛 속에서 사나
우러러볼 뿐입니다
그저 그대 비춰 주는
밝은 빛에 즐거워합니다

그대는 밝고 둥근 보름달입니다
짙게 길게 드리운 그림자도
환한 그대 얼굴 바라보면
내 시야에서 사라집니다

그대는 반짝이는 영롱한 별입니다
저 수많은 별들이
그대의 이름 빛낸 자들이라니
놀랍고 신비하고 부럽습니다

어느 날 내 별도 저 별들 속에 있도록
소중한 영혼 영혼을
땅끝에서라도 찾아내어
그대 앞으로 인도하렵니다

그대는 잔잔한 진녹색 물결로
포효하는 성난 큰 파도 물결로
말씀하고 가르쳐 주십니다

짙푸른 파란 하늘과 뭉게구름과
간들대는 바람으로 회오리 광풍으로
다스리고 고치시고 그대를 알리시니
그대 품에서 난 너무 행복합니다

은혜의 눈물

님의 긍휼함 입어
긍휼의 의미 알았네
주님의 눈물 생각할 때
눈물의 의미 깨달아 가네

내 눈에 눈물 주시니 감사
애통하는 마음 주시니 감사
내 본성 속에 숨겨 놓으신
주님 마음 있어

눈물 흘리지 않고는
님과 대화 못 하네
아픔으로 내 마음 감동하사
님의 마음 가득 부으시니

님의 마음으로 눈물 흘리네
무가치한 날 위해 눈물 흘리신 님
오로지 님께 붙들린 바 되어
님의 합당한 그릇 되기 원하네

옛사람 십자가에 못 박고 박고
죽고 또 죽어 님 흘리신 피눈물!
님 흘리신 피눈물의 깊은 뜻 따라
내 님 기뻐 쓰실 그릇 되고 싶다

세월은 흐르네

오가는 계절 따라
세월 흐르고
인생 흘러 흘러
어언……
예까지 왔네

멈춤 없이
세월은
계속 흐르고
붙들 길 없이
세월은 갔네

새순 파릇 움트고
아지랑이 아른아른
솟아나는 생명의
약동하는 소리들로
나의 심장 뛰네

녹음 짙어 가고
천둥 번개 소나기로
정열의 열기로

온통 푸르르던
뜨거운 계절이 가네

어느 날 스산한 바람에
산야에 가을 색조 들고
열매는 주렁주렁
오곡 풍성풍성
풍성한 수확의 계절

마침내
그 겨울 오네
흰 눈 흩날리며
매서운 찬바람 몰고
아! 그 겨울이 오네

가을 봄 여름 겨울
그렇게 세월 가네
오고 간 계절 속에
흘러간 세월 속에서
님 함께 계셨네

말씀의 기도, 나의 기도

주여! 나는 외롭고 괴롭사오니
나를 긍휼히 여기시옵소서
나의 마음에 근심이 많사오니
나를 고난에서 끌어내 주옵소서
나의 곤고와 환난을 보시고
나의 모든 죄를 사하여 주옵소서

구하기 전에 나에게 있어야 할 것을
다 아시는 하나님 아버지
오직 여호와 하나님을 경외함이
지식의 근본임을 나로 알게 하소서
내 마음을 다하고 목숨을 다하고
뜻을 다하여 주 하나님만을 사랑하게 하시고
내 이웃을 내 몸같이 사랑케 하옵소서

주는 그리스도시요 살아 계신 하나님의
아들이심을 항상 마음으로 입으로 고백케 하소서
오직 성령 안에서 의와 평강과 희락으로 그리스도를
섬기므로 하나님께 기뻐하심을 받으며
사람에게도 기뻐하심을 받게 하옵소서

여호와여 주는 내 아버지시니이다
나는 진흙이요 주님은 토기장이시며
다 주의 손으로 지으셨으니 주 뜻대로 쓰소서

주는 나의 반석이시요 나의 요새시요
나를 건지시는 자시요 나의 하나님이시요
나의 피할 바위시요 나의 방패시요
나의 구원의 뿔이시요 나의 산성이시오니
내가 주님을 의뢰하고 적군에 달리며
내 하나님을 의지하여 담을 뛰어넘게 하소서
주여! 악인에게서 나를 건지시며
강포한 자에게서 나를 보전하옵소서
주여 주여 어서 속히 나라에 임하시옵소서 아멘

할렐루야 아멘!

차돌로 샘물 되게
반석으로 연못 만드신다
돌들로 호산나 외치게
사막에 강물 흐르게 하신다

창조주를 기억하라
예수님을 증거하라
성령님께 감사하라
삼위일체 야훼 찬양하라

대속의 보혈 흘려 주신
그 이름 예수 사랑하라
임마누엘 하나님 성령께서
친히 너 위해 기도하신다

스스로 계신 만유의 주재
홀로 거룩하신 야훼를 송축하라
영벌에서 영생으로 옮기신
사랑의 본체 예수께 감사하라

우리 속에 함께 거하신다
우리 몸 성전 삼으셨다
아버지 형상을 회복시켜 가신다
하나님께 영광 할렐루야 아멘!

우연은 없다

친구여
우연이라 말하지 말게
결단코 우연이란 없네

우연이라 생각한
모든 일 뒤에는
그것을 가능케 한 힘이 있지

우연인 듯한 모든 일에
그 우연을 일으킨 어떤 힘
신비한 힘이라 할까?

어느 순간 결코 우연 아님을
아아, 그랬다고
깨닫는 순간이 오네

모든 우연이란
그대 삶을 예정 따라
철저히 계획한 길이지

그대 삶의 여정에서
우연이란 결코 없다네
오직 절대자의 뜻이라네

님의 슬픔

이제까지 살아오며
얼마나 님을 슬프게 했나
님은 내가 가고는 다시
오지 못할 바람임을 아시네

내 삶의 시작 있었음이
님의 기쁘신 뜻이었거늘
우리 마땅히 빚어 주신
님의 뜻에 맞는 그릇 되세

비록 금, 은그릇 못 될지라도
주님께 쓰임 감사하세
내 님은 토기장이요
우리는 님 손안에 진흙이네

새벽 풀잎 위 이슬 같고
햇빛에 스러지는 안개처럼
풀 마르고 인생 영광 사라지나
님은 영원토록 다스리시네

내 님 슬프게 한 수많은 나날들
가슴 찢어 회개하고 바로 돌이켜
내 님 눈에서 슬픔의 눈물 대신
정녕 기쁨의 웃음 돌려드리세

사모하는 님

마음의 창문 활짝 열고
잠잠히 기다립니다
나의 온 감각 님을 향한 채
고요히 가슴 떨며 기다립니다

님의 고운 음성 듣고 싶어요
아름다운 님 모습 보기 원해요
고귀하고 순결한 내 님이여
날 씻어 정결케 하소서

님이여 날 만져 완전케 하소서
님의 생명 내게 주소서
님의 능력 넘치게 부으소서
내게 믿음을 가득 채우소서

내 마음 활짝 열었나이다
나는 없고 님으로만 차 있습니다
숨도 멈추고 고요 속에 기다립니다
님의 피로 내 온 영혼을 씻으소서

사모하는 님의 모습 눈에 보입니다
님의 그 부드러운 음성도 들립니다
나의 영혼에 감동의 물결 출렁입니다
넌 나의 것 난 네게 속하였다 하십니다

기도

오, 주님!
때로는 너무 답답하여
생각할 힘조차 잃습니다
가슴을 꽉 메우고 옥죄는 온갖
불안, 좌절 의식, 무력감들

오, 주님!
협소한 내 마음의 용광로 속에
희비애락을 모두 녹여서
금보다 귀한 믿음을 제련해 낸다는 건
내 힘으로 불가능함을 고백합니다

상하고 애통하는 심령을 찾으시는 주님
터져 버릴 듯 아픈 내 마음을 헤아리시며
절로 입 밖으로 새어 나오는 신음 소리를
들으시나이까?
오, 주님! 간절히 부르짖어 찾으오니
주의 낯을 내게서 돌리지 마옵시고
주의 빛을 내게 비추소서

오, 주님!
모든 일의 되는 것이 반드시
팥에서 팥 나오는 것이 아님도
의인 욥의 시련을 통해 배웠나이다
욥의 시련도 모든 되는 일도 전적으로
주님의 섭리임을 고백합니다
굽은 길을 바로 펴시며 진토에 쓰러진 자라도
일으켜 주시는 주님이심을
나로 알게 하옵소서

오, 주님!
내 온몸과 영혼이
주님 찾기에 갈급하여
이렇듯 부르짖으오니
긍휼히 여기사 응답하소서
흠 없고 완전한 분은 주님일 뿐, 오직
아버지의 은혜로 감히 구하오니 주의
뜻을 보이시며 내 길을 보이소서

자식을 기르며 주님 마음을 헤아려 봅니다
갖가지로 부모 속을 썩이나 저들이 부모의 마음을
헤아려 돌아서기를 위해 참고 기다리는 것처럼
오, 주님!
주님은 온갖 좋은 축복을 나를 위해 예비하시고
내가 모든 죄악을 떠나
주님께 영광 돌리는 삶을 드리며
주님 닮은 인격체로 성숙되어
주님 앞에 온전히 서기를 기다리십니다

내 안에서 부단히 꿈틀대며
나를 괴롭히는 사탄의 역사를
주님 십자가 보혈의 능력으로 멸망시켜 주사
나를 오직 주님 푯대 바라보며
앞서간 무수한 믿음의 선진들처럼
승리를 향하여 달음질하게 힘 주소서

순간의 삶이 이어져 인생 여정이 되는 것처럼
순간순간 승리해 가는 믿음의 삶이
영생의 면류관을 얻게 할진대
오, 주님이시여!
나를 이제까지 생명 있게 하심을 감사하오며
현재 처한 가운데서 자족할 줄 알게 하옵시고
다가올 날 주님 뵈올 희열 속에 살게 하옵소서

기도할 수 있게 도와주신 주님 감사합니다
기도로 하늘의 기쁨을 맛보았사오며
주님 음성을 들었나이다
오, 주님!
주님만을 믿고 의뢰하며 따르오니
이 모습 이대로 용납하옵시고
붙들어 주시며
영광의 보좌 앞에서 세세토록
찬송 올리게 하옵소서. 할렐루야!

새벽아

새벽 네 시
대략 그때 전후해
꼭 눈을 뜬다

새벽 기도는 결심이다
의지요 실행이다
오직 님 만날 설렘이다

님 향해 드리는 내 양심이며
나의 예의이며 감사 표시다
그대 님보다 귀한 것 가졌는가

꾸준히 새벽을 깨워
님 찬양하는 무리들은
하늘의 기쁨이요 산제물이다

바리새인적이라 비웃거나
회칠한 무덤이라 비아냥 말지니
오직 님께 감사하여 생명 무릅썼다오

님이 깨우시고 님 친히 운행하시며
먹든지 마시든지 무얼 하든
하루 종일 동행하시며 대화하신다

구습의 옛 사람 벗고
님의 성품 참여하게 도우소서
새벽아 나로 거듭나게 하라

내 영혼의 님께

만감이 교차한다는 표현이 있지요
만 가지 생각이 순간적으로 내 속에서
머릿속에서 오고 감을 뜻하지요
그렇습니다
그러한 생각은 시간과 공간에 상관없이
현재 과거 미래를
찰나적으로 넘나들면서
우리를 그리움으로 아쉬움으로
그래서 결국 내 영혼으로
님의 실재를 고백케 합니다
자연의 온갖 변화무쌍한 현상들
창조 세계의 아름다움을 바라보면서
내 영혼 속에 깃들인 생각의 힘이
과연 허망하게 사라져 버릴까
내 생각과 마음과 영혼을
영원히 영생케 해 줄 내 님 계심에
존귀와 영광으로 감사와 찬송으로
나의 모든 것 되시는 내 사랑하는 님께
님께만 나를 드려야 하지 않을까
내 영혼의 님이여 내 마음 모두 바칩니다

새해 첫 주일에

새해 새 아침
기쁨 감격 감사로 맞다
오늘은 새해 첫 주일
마음과 뜻 새롭게 결심하며
이른 새벽부터 준비하고
야훼 앞으로 달려가다
지난해 함께하심 감사하고
금년 한 해도 감사로 마무르길 기도하다
외워 기억하는 말씀 하나하나
소리 내어 암송으로 주께 올리다
주 여호와는 내 모든 것이시라
내 삶의 목적이요 소망임을 고백하다
새해 첫 주 거룩한 성전에서
금년에는 많이 성화되는 은혜받아
사랑하는 주님처럼 거룩해지길 기도하다

추억

빙그레 미소 지어 본다
머릿속을 맴돌며 스쳐 가는
그 때 그 얼굴들
시간적으로 공간적으로
모두 다른
그 순간들의 추억
때로 내 온 생각이
그 추억의 때들을 연상하면서
즐겁고 흥겨워진다
잔잔한 미소가 입가로 눈가로 흐르고
애틋한 그리움에
가슴 벅차다
아 — 아 그때여
추억 속에서 과거는
마냥 자유로이 나래를 편다
그리고 문득
그리움에 눈물 핑 돈다
삶은 참 많은
아쉬운 추억들을 남기나 보다

오직 믿음으로

내게 믿음을 주소서
믿을 수 있도록 믿음 주소서
바라는 것들의 실상이라 하신
그 믿음으로 내게 채우소서

내게 믿음 더하소서
믿음의 은혜를 덧입히소서
내가 정녕 믿음을 보겠느냐
주님 원하시는 그 믿음 바치리다

그윽한 향취가 풍기는 믿음
온유한 겸손으로 꽃피운 믿음
늘 진실한 가슴으로 말하는 믿음
주님의 심정으로 생각하는 믿음

믿음은 소망이지요
믿음은 사랑이지요
믿음 없이는 기쁘시게 못하나니……
오직 믿음으로 주 기쁘게 하오리다

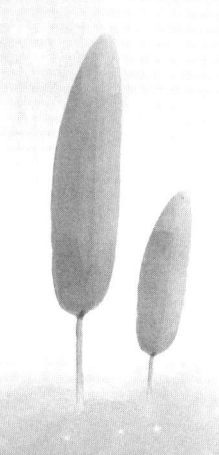

4부
처음 사랑

예수의 흔적을 가졌노라 • 벗을 보내며 • 처음 사랑
내 님이여 • 님께 매달림 • 귀하고 귀하다 • 부르심 • 당신
돌아보옵소서 • 기쁨의 근원 • 백설을 보며 • 가슴은 불타고
할렐루야! 성령이여! • 믿음의 기쁨 • 빛이 있으라

예수의 흔적을 가졌노라

아픔 슬픔이 흔적 남기네
그 아픔 극심할수록 흔적 뚜렷하리
예수 지닌 흔적은 십자가의 흔적
그 흔적 없이 부활 생명 없네

고난이 인생을 위대하게 만든다오
그 고난이 그대를 비상케 하며
그대로 장차
영원한 영광의 길로 인도하고
바라는 소망의 항구에 다다르게 하니

예수 위해 받는 고난의 흔적은
아름다워라 축복이어라
영원한 영광의 잣대로
고난을 극복하여 이기는 그대를
우리 주님이 지켜보고 계신다오

벗을 보내며

사랑하는 벗이여
그리 홀연히 훌쩍 떠나시다니
사랑하는 처자 남기고
연로하신 노부모 두고
마지막 엷은 미소로 가녀린 소리로
작별을 고하는 그 순간
벗의 눈에 스친 진주 같은 눈물은
차마 눈감고 혼자 떠나기엔
너무 안타까워 흘린 눈물이리라

사랑하는 벗이여
뉘엿뉘엿 해는 서산에 지고
사방은 점점 어둠이 짙어 갈 무렵
먼 마을에서 저녁 짓느라 피어오르는
고향 마을 굴뚝 연기를 바라보며
더 어두워지기 전 부지런히 걸어
시간에 맞춰 함께 만찬에 참여하려
사랑하는 벗이여
그대 영원의 고향에 가길 서둘렀는가

사랑하는 벗이여
그대 영원의 님과 고향 식구들과
왁자지껄 그대로 인해 기뻐하는
환희의 식탁에 둘러앉아 행복하리라
그러나 사랑하는 벗이여
서둘러 영원한 님 품으로 간 것이
어찌 그대만의 뜻이었으리오
주신 이도 취하신 이도
보내신 이도 다시 데려가신 이도
우리 모두의 생명의 주인이시려니

사랑하는 나의 벗이여
그대를 너무도 일찍 불러 가심이
절대자의 주권적인 섭리요
우리로선 헤아리기 어려운 일이나
인간적인 연민의 정으로
슬픔과 그리움과 아쉬움 짙게 남네
그대 사랑하는 나의 벗이여
우리 모두 가길 진정 사모하는
영원한 그 나라에서 최고의 안식 누리소서

처음 사랑

처음 님 만났을 때
너무 님이 좋아서
잠시인들 떨어질세라
우리 사랑 거세게 타올랐어라
주야로 함께 걸으며
두 손 꼬옥 잡고
서로 나눈 숱한 대화들이여!

환희로 생명을 찬미하고
흐르는 계곡 물가에서
꿈같은 앞날을 이야기하며
괜히 심사가 비감해질 땐
비창, 운명에 심취되어
서로 하나로 밀착돼 가던
감미로운 첫사랑의 추억들이여!

님과의 그 고귀한 처음 사랑을
고스란히 간직해 가야 될 터인데……
아니 온전히 녹여 완성해야 할 텐데
왜 점차 망각해 가려는 걸까

내 처음 사랑 어디서 떨어트렸나
점차 무뎌 가고 식어지려는
안타까운 첫사랑의 정열이여!

님의 말씀 분명 가슴에 남았는데
몰아쳐 온 삶의 어려운 순간들이
앗아 가고 식혀 버렸나?
은근히 님을 업신여기는 회칠한 겸손이
사랑이 거할 자리를 몰아내 버렸다네
입술로만 가증스레 사랑을 되뇌다니……
오! 님께만 최고의 가치를 두게 하소서

님 은혜로 처음 사랑 회복키 위해
참으며 견디며 바라면서
안으로만 깊숙이 비밀스레
또 하나의 연륜을 더해 가며
찬란한 개화를 준비해 간다
오직 님을 위해 영원불멸할
생명의 불꽃을 다시금 활활 태우기 위해

내 님이여

그리운 나의 님이여
그대 나의 님이여
외쳐 부르짖어
나의 님을 부르네
나는 나의 님 속에
내 온 마음 쏟아부었네
나의 사랑 나의 모든 것
나의 님 만나고 싶은 님
보고 싶고 손 꼭 잡고 싶은 님이여
언제나 그대와 대화하건만
그래도 부족하게 느끼는 마음은
그대를 너무 사랑하기 때문이라오
억제할 수 없이 불타오르는
그대 향한 뜨거운 정열 때문이오

늘 함께 거닐며
오손도손 얘기하면서
구름과 유희하는 달 바라보며
밤하늘 가득 빛나는 별 바라보며
미풍을, 세찬 바람을 같이 맞으며
잔잔한 바다 물결도 거센 풍랑도
내 님과 더불어 즐기기를 바람은
님 향한 간절한 애정 때문이오
오! 님은 이렇듯 내가 님 그리듯
님 사모하는 날 사랑하시는지요
님이여 사랑하는 나의 님이여
내게 대답 주소서 속삭이소서
너는 나의 전부, 널 사랑하노라고

님께 매달림

내 님 찬양합니다
님을 사랑합니다
날 꽉 잡고 계시네요
손놀림 하나하나
발걸음 걸음걸음
무얼 먹든 마시든
일일이
참견하시고
고치시네요

님의 붙드심에
옴짝달싹할 수 없어 갑니다
내 힘 내 생각 내 뜻대로
점점 할 수 없어 가네요
자신감도 용기도 의지조차도
나약해 가고 상실해 가네요
그럴수록 더욱
님만을 꽉
붙들 뿐입니다

육신의 작은 상처도
맘속 미세한 동요도
내 힘 처리 못 합니다
젖먹이 아기처럼
거동할 기력 잃은 자처럼
그저 님 찾을 뿐입니다
님만을 절규하며 부를 뿐
님이여 님이여 님아……

세찬 바람 쌩쌩 부는
겨울 바다 백사장에서
거센 파도 출렁이는
폭풍 치는 언덕 위에서
소리칩니다
외칩니다
부르짖습니다
님이여 내 님이여 님아
님만 믿음으로 따르리

귀하고 귀하다

삶의 끝자락에
다다르는 듯해선 아니네
그러나

생의 종반부에 접어들며
그런 맘이 더 드는 건
초조해진다는 걸까

왜? 무엇 때문일까
분, 초의 시간 흐름이
귀하고 귀하다

끝자락 가까울수록
아낄 건 시간이요 세월이라
내 영혼 깨우치네

왜인가
나의 님 앞에 설 때
내 님 기쁘게 하고 싶고

꼭 이루고 싶은
간절한 내 소원 있어서네
님 성품까지 다다르길

온전한 거룩 이루길
첫 아담에게 부여하신
님 형상 회복하기 원하네

오, 님이시여
날 긍휼히 불쌍히 여기사
내 소망 꼭 이뤄 주소서

부르심

아무에게나 소명을 주시는가
늦게나마 부르셨겠는가

준비된 자를 부르신다
준비하라 깨어라

영성을 갈고닦으라
말씀을 간직하라

토설하라 주의 말씀을
외치는 자의 소리가 되라

주의 길을 예비하라
주의 길을 곧게 하라

뒤를 돌아보지 아니하고
오직 푯대 바라보라

위에서 부르시는 부르심의
그 상급을 위해서

당신

당신은 내 속에
난 당신 안에 있지요
나는 당신을 사랑하고
당신에게는 나뿐
서로 사랑으로 하나 되어
사랑 안에서 사랑하네

험한 세상 모진 풍파도
죽음보다 강한 우리 사랑
가르지 못하네 꺾지 못하네
우리 앞에 두렴 없네 무서움 없네
당신은 내 사랑
난 당신께만 속한 자네

당신과 나는 그렇듯
한마음 한뜻으로 하나 되어
여기까지 이기며 왔지요
오직 잔잔한 기쁨과 평화 속에
모든 것 이길 용기와 힘 넘치네
당신과 영원까지 승리하리

돌아보옵소서

님이여 나를 돌아보옵소서
님의 돌보심 없이
존재할 수 없습니다

이제 모든 걸 깨닫습니다
이 세상에 생명 주심이
날 위해 베푸신 님 은혜임을

섬세히 마련해 주신 선물들
얼마나 놀랍고 감사한지요
보고 듣고 느끼고 만집니다

푸른 창공, 찬란한 햇빛
우뚝 솟은 산, 아름다운 꽃과 풀
포효하는 바다, 잔잔한 바람

내가 무엇이길래 생명 주사
이 세상에서 님을 알게 하시고
님의 영광을 사모케 하십니까

님이여 나를 돌아보옵소서
강한 사랑으로, 크신 은혜로
내 존재를 님 안에 품으소서

기쁨의 근원

기쁨은 어디서 오는가
참 안식을 어떻게 누릴 수 있을까
닥쳐온 시련으로 지금
그대 떨고 있는가

삶에서 참 기쁨의 순간들은 얼마나 되는가
삶에서 참 안식의 시간은 얼마나 되는가
님을 의지하는 그대여
시련 속에서 님의 사랑을 보게

우리 삶의 기간은 과연 짧은 걸까
아니면 너무 긴 걸까
시련 주시는 님의 뜻 속에
그대 위해 축복 예비하시네

주님 모르고 평화 누릴 수 있을까
순종 않는 영혼에 안식 주실까
시련은 그대를 낮추어
님만을 의지케 하시네

기쁨과 안식 없는 삶은 길다
시련이 그대를 정금으로 빚어
그대로 님의 이상에 도달케 하며
영생의 기쁨 영원히 누리게 하리라

백설을 보며

혹한의 강추위에
미세한 얼음 가루 같은
흰 눈이 흩뿌리듯 흩날리네
새벽 벽두에 흰 눈 나리네

빙과 기계에 얼음 갈 때
소복이 쌓이는 하얀 빙과처럼
소록소록 백설 쌓이네
그날, 새벽부터 흰 눈 내리네

은가루 금가루 뿌려 놓은 듯
홍보석 금강석 섞어 뿌린 듯
영롱한 빛내며 반짝거리네
새벽 혹한에 흰 눈 내리네

찬란하고 현란한 백설의 향연 속에
눈부신 흰옷 입고 내려오신 님이여
내 영혼 흰 눈에 씻기고 또 씻겨
흰 눈처럼 순전 무구하길 간구하네

가슴은 불타고

그 날 위해 그 날 위해
내 가슴 불타네
푸른 잔디 풀 위로
봄바람 속삭이며 스쳐 갈 때

아! 나 정녕 그 날 위해
가슴 뜨겁게 불타오르네
내 님 내게 살며시 다가와
널 사랑하노라 말씀하실 때

그 날 위해 내 가슴 불타네
그대 내 안에 나 그대 안에 있어
너와 나 영원 속에 거닐 때
구원의 은총에 내 가슴 불타네

할렐루야! 성령이여!

할렐루야! 성령의 불길이여!
세차게 우리 위에 역사하시어
비고 비인 우리 마음속을
성령으로 가득 채우소서
한마음 한뜻 되어 찬송하며
감격에 겨워 부르짖는 저들을
만군의 주 여호와여 축복하소서

바위가 갈라져야 생수가 솟고
철옹성 마음 벽 깨지고 부서지고 녹아져야
새롭게 빚어 주시는 것을,
어린아이처럼 되지 않고는
결단코 그 나라에 들어갈 수 없는 것을,
내 마음 문 열면 바로 주님을
내 안에 영접해 드릴 수 있는 것을……

몸은 비록 현실에 살아도
영혼은 늘 영생을 사모하며 살기에
찬양에 녹은 마음 밭 이내 옥토 밭 되어
시냇물 흐르듯 잔잔한 말씀 속에서
때로 포효하듯 부르짖음 속에서
주님 음성 듣고 솟구쳐 흐르는 눈물
나 감당치 못해 소리 내어 울부짖노라

주님 안에서 맺어진 사랑 끊을 자 누구랴
서로 부둥켜안고 주님 사랑 확신하며
기도와 찬양으로 주께 영광 올립니다
우리 믿는 자들의 갈 길은 오직 하나
주님 계신 하늘나라 들어갈 때까지 서로
격려하고 위로하고 사랑하면서
주 바라보고 주께 영광 돌리며 살리

믿음의 기쁨

난 그대를 믿습니다
그대의 약속을 말입니다
그 믿음 있어
내 맘속에 기쁨 솟구칩니다
그대를 의심하면
난 슬퍼질 것입니다
불안해 안절부절못할 것입니다
그대 내게 큰 산입니다
요동치 않는 바위입니다
향기론 꽃, 아름다운 음악입니다
산들바람입니다
그대 뒷동산의 할미꽃입니다
겸손히 소박하게 수줍게
핏빛 진홍색 정열로
날 반겨 맞아 줍니다
그대 진한 호소로
내 가슴 다시 불타고
영원히 변찮는 사랑의 약속에
그대를 사랑하고 따를 뿐입니다

빛이 있으라

"빛이 있으라" 말씀으로 우주를 창조하신 하나님은
인간들로부터 영광과 찬양을 늘 받기 원하신다

찬양, 성부 성자 성령 삼위일체 신께 영세무궁
하기까지 영광을 돌리세 영광을 돌리세

찬송 부를 때마다 솟구쳐 오르는 벅찬 감동으로
내 가슴은 끓어오르는 환희로 전율한다

깊은 경외감과 말할 수 없는 사모의 정으로
내 영혼과 온몸이 드높이 높이 올라간다

그날 우리 성가대원들이 수련회 떠나던 그날따라
우리나라 가을처럼 청명한 날씨와 높고 푸른

하늘 위에 흰 구름이 한가롭고 정겨운 정취를 풍긴다
어릴 적 공상하며 그랬던 것처럼 흰 구름의 변화무쌍한

변형 속에 곰도 그려 보고 그리운 친구 얼굴도 떠올리고
또 하나님 얼굴은 어떻게 생겼을까 상상하며 미소한다

"성령으로, 사랑으로, 찬양으로 하나"라는 메시지로
그날 밤늦은 시간까지 한없이 넓고 크고 깊은 은혜가 넘쳤다

밤은 역시 사랑을 창조하기에 적합한 듯…… 밤은 사랑을 원하네
아름다운 손길들이 눈치챌세라 꾸며 놓은 아늑하고 멋진 분위기,

가지런히 배색 맞춰 깎아 놓은 각종 과일 접시들이 조화롭고
일렁이는 촛불 속에 오색 풍선과 드리운 오색 테이프가 아름답다

천국처럼 환상적 분위기 속에서 주님의 몸과 피를 의미하는
빵과 포도주를 먹으며 마시며 서로를 위해 기도해 주는 애찬 시간

뜨겁게 와닿는 성령의 열기에 촛불은 바람이 없으나 너울대고
성령의 사랑으로 불타는 벅찬 마음끼리 서로 위해 기도한다

어차피 한배 타고 한 목적지 향해 가도록 주사위는 던져졌고
함께 승리하리라 주 안에서 하나 되리라 다짐하고 또 다짐한다

인간은 본시 나약한 것 자신을 강하다 생각할 때 하나님은 안 계신다
자신을 완전한 자로 착각하는 자가 바로 부족한 자가 아닌가?

오! 주님, 가장 갈급한 것은 사랑입니다 받기만을 원할 때
영원히 부족하게 느껴지는 것이 또한 사랑의 정체 아닌가요

그 사랑의 극치를 완성하시려 주님은 십자가에 달리셨습니다
그 희생 그 조건 없는 사랑으로 주님은 사랑을 완성하셨습니다

오! 주님, 이 거룩한 백성들이 주님 명하신 성찬을 행하며
그 밤 주님과 제자들 가슴속을 오고 간 사랑을 체험해 봅니다

주님 이름으로 주님 뜻대로 사랑하노라 고백하며 오열하는
저들 눈물을 씻기시며 영원한 생명수가 가슴마다 흐르게 하소서

자신을 존귀히 여기는 자라야 다른 사람을 진정 사랑할 수 있으며
보이는 형제를 사랑할 수 있어야 보이지 않는 하나님을 사랑하는 법

이 밤 성령의 사랑의 띠로 우리 모두를 하나 되게 하심을 감사합니다
은혜와 감격이 넘치고 교차된 놀라운 성령의 역사를 찬양합니다

옥토 된 심령들 온유해지고 평화스레 긍휼히 여기는 마음들로 변했네
찬양, 성부 성자 성령 삼위일체 야훼 하나님을 세세토록 송축합니다

5부

당신은 누구시길래

님과 하나 · 참 좋은 친구 · 당신은 누구시길래 · 님의 눈물
믿음을 연습하자 · 영원한 현실 · 믿음과 의심 · 일심동체
하나님처럼 · 어서 오소서 · 잠잠히 · 그 겨울의 주님
주님이 하신다 · 새벽을 깨우리로다 · 주님 얼굴 바라라

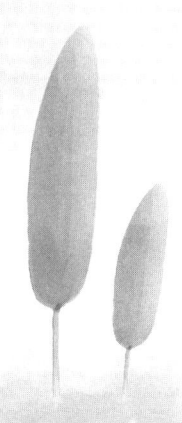

님과 하나

아아, 흥분되고 조급해지네
마음은 간절해지고
심장은 터질 듯 뛰네
님 안에 내가
내 안에 님이 있어
님과 나 하나 되었다네

어찌할꼬 이 급박함
이 안타까움과 전율을
하나 됨의 신비여 기쁨이여
불말 타고 함께 높이 오르리
구원의 방주에서 기뻐 뛰리라
내 님 자리에 함께 앉으리라

님의 손 꼬옥 잡은 날 위해
시작하고 끝맺음하시고
창조하시고 영광으로 끝내시니
아아, 선택된 기쁨이여 행복이여
그는 실로 알파와 오메가시라
나는 님 안에 님은 내 안에서 영원하리

참 좋은 친구

친구야
참 좋은 나의 친구야
늘 나와 함께 해준 친구
지금도 같이 있어 주는 친구

친구야
친구 있음으로 해서
이 험난한 세상 살며
온갖 어려움 이기네

친구야
참 좋은 나의 친구야
나보다 날 더 잘 아는 친구
내 작은 신음도 알아채는 친구

친구야
친구 속에 내가 내 속에 친구가
하나 되어 함께한 친구야
희로애락 같이한 친구야

친구야
짧고 덧없고 허무한 삶 속에서
친구의 소망의 말 내 힘 되었네
참 좋은 나의 힘 내 친구야

친구야 친구야 내 친구야
내 일생 여기 다다르기까지
강한 손으로 붙들어 주고
온 사랑을 부어 준 내 친구야

친구야
참 좋은 나의 친구야
친구가 바로 내 실체였네
오직 친구 있어 내가 존재하네

친구야 참 좋은 나의 친구야
내 모든 꿈의 실상이여
나는 친구에게 친구는 내게 속했네
아, 영원불멸의 내 좋은 친구야

당신은 누구시길래

당신은 누구시길래
날 온통 장악하십니까
앉으나 서나 누우나 걸으나
꿈속에서조차
늘 나를 채우고 계신
당신은 도대체 내게 무엇이 되십니까

당신은 누구시길래
나의 전부로 내게 군림하십니까
내 언행심사 일체를
당신이 원하시는 기준에 맞추려
노력케 하시는
당신은 누구신가요

당신의 말씀은
실로 꿀송이보다 달아
일단 빨려 들면
날 꼼짝달싹 못 하게
당신 속에 녹아 버리게 하시니
당신은 내게 너무도 소중한 분이십니다

당신 생각만 하여도
기쁨이 먼저 솟구치고
감격, 희열, 감사, 희망으로 가득 차며
가슴은 벅찬 감동으로 뛰고
지루한 삶에 살 의미를 부여해 주시니
당신은 참 놀라운 분이십니다

이토록 나를 당신만으로
꽉 채우시기를 원하시는 당신은
만유를 채우시는 그 충만으로
내 좁은 가슴에
당신만으로 충만키를 원하는
내 갈급함을 아시는 분이십니다

하늘을 두루마리 삼고
바다를 먹물 삼은들
내 전부가 되시는 당신을 위한
나의 시와 찬미와 찬양을 내 마음과
뜻과 성품을 어찌 다 당신께 전할까요
당신은 실로 나의 주님이 되십니다

님의 눈물

님이 눈물 흘리신다
하나님의 아들이 눈물 흘리시네
오, 눈물이여 아름다운 눈물이여
님의 눈물은 아름다워라

눈물은 보배로워라
아픈 마음으로 흘리는 눈물이여
억제할 수 없이 흐르는 슬픔의 눈물이여
영혼 속에서 솟구치는 순수한 눈물이여
오, 우리 님의 아름다운 눈물이여

하나님의 아들이 눈물 흘리시네
그곳 하늘엔 죄도 없고 눈물도 없으나
이곳 죄 많은 세상에는 눈물이 있네
내 님 날 위해 눈물 흘리시네
내 죄 하나하나 위해 눈물 흘리시네

사랑하는 내 님의 눈물은 아름다워라
하나님의 아들이 눈물 흘리시네
그 보배로운 님의 눈물에 죄 씻으라
그 동산에서 님 흘리신 피눈물이여
하나님의 아들이 나 위해 눈물 흘리시네

믿음을 연습하자

그대여 힘을 내라
그대여 날개를 활짝 펴라
그대여 바라는 것을 맘껏 꿈꾸라

그대가 누구인가
그대여 확고한 정체성을 가져라
그대 과연 믿음 있는 자인가

그대여 생각해 보라
이 세상에 존재함이 그대 힘인가
그대가 과연 삶의 주인인가

그대여 세상 삶이 힘이 드는가
그대여 뜻대로 생각대로 안 되나
그대 삶을 그대가 이끄는가

그대여 보이는 것들 이상을 보게
보이는 것은 나타난 것으로 말미암지 않다네
그대여 믿음이 바라는 것들의 실상이네

그대여 창세 전에 택함 받은 그대여
그대로 인해 기뻐하는 창조주를 기억하라
그대를 자녀 삼고 구원하셨네

덧없는 순례자 길에 집착치 말지니
그대는 하늘과 땅의 모든 권세 가졌네
천국 열고 닫을 수 있는 천국 열쇠 가졌네

그대는 창조자의 존귀한 자 영광 기쁨이네
그대여 믿음으로 구하고 찾고 두드리게
그대 안에서 그분이 그대 꿈 이루시네

영원한 현실

이게 꿈인가 생시인가 하지 말게
믿음이 그대 꿈의 실제가 되네
그대에게 영원한 현실이 된다네

두렵고 떨리는 마음으로
날로 다가오는 영원을 바라보게
어떤 현실이 영원이어야 될까

그대 선택으로 믿음 갖게 된 것 아니네
구원과 영생의 약속이 현실 되네
이 땅 나그네 삶 후에 본향으로 가네

호흡 끊어진다고 영혼도 소멸되는가
그대여 천국을 믿는가 소망하는가
죽은 후 보내신 분 앞에서 심판받네

그대여 영벌의 사망 길로 살지 말게
영원한 생명의 길 걸어 구원 이루게
그대 선택한 한 길이 영원한 실제 되네

이 땅에서 우리 생존경쟁이 현실 아닌가
마찬가지로 영생은 영원한 현실이지
그야말로 순간에서 영원을 가는 사실이네

믿음과 의심

아주 가끔이지만
나의 실존을
의심한다

그 현상은 하필
차를 질주할 때
불쑥 찾아온다

그야말로
돌발 사고 나기
십상 상황이다

예의 현상이 왜 또?
온정신 초긴장한다
주님! 외마디 소리친다

당혹스러운 내 영혼에
주님 말씀하신다
왜 또 의심했느냐

주님, 그렇습니다
내 의심을 의심하고
의심을 믿지 않겠어요

그대의 실존을 믿는가
하나님의 실재를 믿으라
그대의 믿음을 믿으라

오직 믿음이란
바라는 것들의 실상이라
주신 믿음 굳게 붙들라

일심동체

부부가 일심동체이듯
주님과 나는 하나 되었네
우리는 일심동체 하나라네
이 놀라운 신비! 감격!

그대여! 그대 영혼을 깨우라
그대 육신대로 그대 정욕대로
이 땅에서 살면 안 되네
그대는 신적 생명을 받은 자

하늘에 속한 신령한 자 되었네
그대가 바라는 모든 것을
실체로서 소유할 수 있느니
그대여 깨어라 일어나라

주와 연합하여 하나 된 그대여
불가능을 가능케 해 주시는
오직 주 예수를 찬미하라
나와 하나 되신 주를 찬양하라

하나님처럼

믿음은
바라는 것들의 실상
믿음은
없는 것을 있는 것처럼 부르는 것
오직 믿음으로
주님 기쁘시게 하라

믿음의 귀로 들으라
믿음의 눈으로 보라
믿음의 손으로 취하라
믿음의 말씀으로 말하라
믿음의 기쁨으로 외치라
믿음의 덕으로 기뻐하라

네 하나님은 믿음의 하나님
하나님처럼 살라
하나님처럼 행동하라
하나님처럼 말하라
마침내 찾는 자들에게
주실 영광의 상 받으라

어서 오소서

암울한 현실에 마음 아프다
내 이리 아플진대
님의 마음은 오죽하시랴
아픔 주는 것 님 본심 아닐진대
오죽하면 매 드셨을까

님이여
곧 오소서 어서 오소서
땅의 죄악이 하늘을 찌릅니다
또 다른 홍수입니까
아니면 불입니까 아니면……?

의로운 자나 불의한 자에나
햇빛 주시고 비 주시는 님이시여
의롭다 하신 자녀들의 부르짖음
들으시나이까 그 소리 들리시나요
고쳐 주소서 다시금 회복시키소서

난 님의 아픔에 함께 아파 운다
필요해 회초리 드셨으되
이 정도에서 매를 걷우시리라
님으로 노 그치시게 바로 행하라
사랑하는 님으로 기쁘시게 하라

불의한 자들 그대로 불의케 하시고
더러운 자들 그대로 더럽게 하시되
의로운 자들 더욱 의롭게 하시고
거룩한 자들 더욱 거룩케 하소서
님이여 어서 오사 이 땅 고치소서

잠잠히

사랑하는 나의 님이여
그저 잠잠히 있겠나이다
제가 무에라고 님께
제 감사의 마음을
올릴 수 있단 말입니까

저는 분명히 고백합니다
내 삶의 순간순간을 이끄시는
님의 놀랍게 치밀하신 함께하심을
님은 정말 놀라우십니다

그 표현 오히려 부족함을 알기에
입 다물고 잠잠하렵니다
세세히 섬세하게 보살피시며
때를 따라 거르시고 채우시며

님의 방법으로 세우시고 헐으시므로
만유를 다스리시는 님이십니다
위대하신 나의 사랑하는 님을
그저 잠잠히 마음으로 찬양합니다

그 겨울의 주님

그해 겨울밤 내내
진눈깨비로 비로 또 우박으로
뒤범벅이 되어 흩날리고 쏟아붓더니
노출된 자연의 모든 표피를
그 모습 그대로 그 색깔 그대로
투명한 얼음이 조화롭게 뒤덮었다

도처에 무릎 남짓 높이로 쌓인 백설 위에도
비로 진눈깨비로 우박으로
녹이며 쌓이며 얼어붙어
눈 쌓인 곳은 모두 두껍게
투명한 얼음 빙판이 되었다

다음날 아침 우리 모두는
놀라운 광경에 탄성을 질렀다
여느 때처럼 태양이 떠올랐고
그 빛을 받은 만물은 일제히
오색영롱한 찬란한 빛을 발하는 거다

엄청난 얼음 두께로 가지를 맘껏 늘이운
거대한 얼음덩어리 나목에서 발하는 빛과
진초록의 침엽수를 정교히 덮은
수정 같은 얼음에서 현란한 빛이 반사될 때
나는 얼음꽃들의 향연에 홀려
놀라움과 경탄으로 주님을 찬미했다

보좌와 둘러싼 일곱 무지개…… 그리고
수정 같은 유리 바다와 똑같을 장면을
생생히 보여 주시는 것 같음을
내 우둔한 영혼으로 깨닫고
주님의 놀라운 솜씨를 찬양할 수밖에……

그 아름다움 속에서
현란한 영롱함 속에서
살아 계신 주님을 만나 봅니다
어느 곳 어느 순간에도 함께하시건만
늘 주님을 망각하며 살아가는 안타까움
내 입술에 가슴에 삶 속에 그렇게
가까이 계시는데……

내 깊은 가슴속에서
주님을 향한 간절한 뜻과
내 힘 전부와 사랑을 고백하도록
그 겨울 아침
찬란한 감격을 안겨 주신 주님께
감사와 영광을 바칩니다

주님이 하신다

주께 다 내려놓습니다
근심된 일과 기쁜 일들을
주께 소망 두기 때문입니다

내 간구 내 소원 내 도움을
주께 모두 맡깁니다
주가 내 능력이기 때문입니다

삶의 굽이굽이에서
오고 또 가는 계절 속에서

비구름 바람 천둥은 계속되었듯
시기 질투 미움 다툼 여전합니다

이 모든 일을 통해
주는 사랑하는 자들로
믿음의 실체를 깨닫게 하시고
영혼 속에 믿음을 빚어내십니다

그래서 내 삶의 온 영역을
송두리째 주께 맡기게 하심으로
참 안식과 자유를 주십니다

새벽을 깨우리로다

새벽! 어감 자체로 환희롭다
새벽! 새 생명 새 호흡 새 힘이 시작된다

새벽! 영롱한 샛별과 초승달로, 때론
그믐의 실낱같은 달의 청초함으로 단장한
새벽 미명의 밤하늘은 실로 경이롭다

새벽을 찬미하듯 새들의 지저귀는 소리
새벽은 새롭고 깨끗하다

헐몬의 새벽이슬이
시온의 산들에 내림같이
풀밭에 꽃잎에 나뭇잎에
또 메마른 내 영혼을 적신다
새벽에 새 마음으로 새 노래로
새 소망 주신 님을 찬양하자

만물을 늘 새롭게 하시는 님께서
새날의 새벽에 허락하신
새 삶으로 생명 있을 동안
새 하늘 새 땅 들어가기 부끄럽지 않게
님 위해 새벽 깨우리로다

주님 얼굴 바라라

오, 주님
잠잠히 인내하며 오직 주께 아뢰며 기다립니다
오, 주님
주께 능치 못할 일이 없음도
무슨 경영이든 다 이루시는
전지전능하사
만유에 계시고 만물을 섭리하시는
절대 주권자임을 시인합니다
그러기에
모든 것을 믿으며 바랄 뿐
오, 주님
누가 주의 길을 굽게 하며
주의 예정과 섭리를 바꾸겠습니까
오직 인자와 자비로
인생이 헤아릴 수 없는
무궁한 사랑과 공의로 판단하시는
스스로 계신 여호와 나의 하나님!
잠잠치 마시고 보응하소서

그러나
이 아룀은 나의 바람일 뿐
주 뜻대로 하소서
오, 주님
음성 들려주시고 얼굴 보이소서
불법한 무리의 불의한 일에
지금은 아프고 슬프지만
이제 가슴에 품고
오직 최후 승리 안겨 주실
내 주님께 기도의 믿음을 바칩니다
오, 주님! 영광에서 영광으로 무궁하소서

6부

새벽 찬가

한 걸음씩 • 고난을 감사함 • 새벽 찬가 • 구월이 오면
내 삶의 초점 • 하나 됨 • 나이 탓일까
여호와가 사랑하는 사람 • 음성 • 우리 그렇게 살자
그 고향집 향해 • 님과 나의 만남 • 그런 사람이고 싶다
주님을 사랑합니다 • 회개하라

한 걸음씩

고운 단풍잎에서
님의 오묘한 솜씨 보네
저마다 다른 모양이나
하나하나 예쁜 색깔

님의 숨결 님의 마음
내게 주신 하나하나
헤아리며 감사하네
일생 동행하심에 감사

볼 수 있고 들을 수 있고
생각하고 깨달음 주심에
님 마음 헤아리게 하심에
믿음으로 행동케 하시네

님과 하나 되고픈
간절한 바람 주셔서
믿음에서 믿음으로 한 걸음씩
하늘길로 인도하심 감사

고난을 감사함

그림자 같고
타다 버린 모닥불 잔해 같고
풀잎 아침이슬 같은 존재
스산한 가을바람에
뚝뚝 떨어지는 낙엽처럼
허무하며 연약한 제게도

욥 같은 고난을 허락하시니
입술로 마음으로 감사하오며
선하신 치료를 간구합니다
주님의 은혜 아니면
이 엄청난 아픔을
누가 치료할 수 있을까요

제 남은 삶을
성숙한 신앙의 길로 가도록
주님께서 크신 사랑으로
제게 베풀어 주시는
귀중한 연단의 시간이라고
제 영혼이 제게 말합니다

갑작스레 통증이 시작되기 전
주님은 저로 꿈으로 징조로써
주님의 치료가 따를 은혜스러운 믿음을
끊임없이 부어 주심으로
고통의 순간순간을 오직
주님 믿고 찬양토록 하십니다

아프게도 하시다 싸매시며
그간 잘못한 언행심사를 회개케 하고
거듭난 자의 생명의 길로 단계를 높이사
주님의 부르심의 영광과 사명을 위해
주님 기뻐하시는 자로 세워 주사
주님 대면케 하심 믿고 영광 올립니다

새벽 찬가

새벽이면
내 마음 나래 달고
희망 따라 꿈 따라 소원 따라
끝없이 날아오르네

하루 중 난 새벽이 좋다
새날이 시작되고
새 꿈에 흠뻑 젖고
벅찬 소망에 가슴 뛴다

새벽의 정적 속에서
나래 단 내 마음이
온 세상을 돌아보고
하늘 위 하늘 그 너머를 나른다

아 아, 이 자유함이여!
샘솟는 기쁨 충족감!
솟구쳐 오르는 내적 힘!
오, 님 주시는 환희여 감격이여!

난 새벽을 사랑한다
새벽은 날 결심시킨다
새벽 힘으로 난 존재한다
님은 새벽에 꼭 날 찾으신다

구월이 오면

구월 오면 연이어
시월 오고 또 십일월 오고……
구월을 기다림 아니고

가고 오는 계절의 흐름 속에서
살아가는 하루하루를
맞는 기쁨이 보내는 즐거움이

내 영혼을 경이로움으로 채우네
간절함으로 기다리는 마음 있어
그래서 입술 벌려 찬미하네

구월 오는 이 새벽
가슴 가득 기쁨 안겨 준 님께
존귀와 감사의 찬미를
가득히 부어 드리네

강한 손 편 팔로
평생 함께하신 나의 님은
흑암 속에서 폭풍 속에서도
감싸시고 인도하셨네

구월 오는 이 새벽에
님 향한 감사의 기억을
새록새록 헤아리며 감격하네

날로 풍성한 믿음 주시고
그 사랑 행하도록 도우시네
님 외에 필요한 것 전혀 없네

구월 오는 이 새벽
오직 님 마음에 합해
내 님 기뻐하는 자 되기 원하네

내 삶의 초점

새벽은 내 몸과 영혼이
한 바퀴 도는 시작점이 된다

새벽은 내게 금보다 더 귀한 시간
영과 혼이 새로워진다

새 힘으로 다시금 강건해져
희망과 자신감으로 가득 차며

계속 호흡하고 움직일 수 있음에
무엇이든 할 수 있다는

그리고 하려는 모든 생각이
어찌하여야 님 기쁘게 할까에

오직 초점 맞추게 함에
내 가슴은 감격해 떨린다

감사와 희열로 충만해지며
이 새벽 또다시 시작된 새날에

새 마음 새 각오 새 소망 주신
나의 영원한 사랑하는 님께
내 마음 내 삶의 초점 전부를 맞춘다

새벽은 매일 어김없이 오지만
누구에게나 오지는 않으며
그 새 생명 얻고자 하는 자에게만 온다

하나 됨

님과 나는 하나입니다
당신은 내 안에
난 당신 안에 있습니다

새벽을 함께 깨우며
똑같이 행하고
화기애애 기뻐합니다

당신 안에서 쉬고
당신 안에서 비로소
생명의 가치를 찾습니다

그대가 내 삶의 목적이며
당신과 동행함이
내 행복의 비밀입니다

그대를 생각함만으로
미소하고 눈물 지으며
당신 안에서 하나 됩니다

새봄이 찾아왔습니다
새 생명이 솟아오릅니다
그 속에서 당신을 만납니다

약동하는 신비스러운 봄
대자연 속에 그렇듯 살아 계신
당신을 환희로 만납니다

내 속에 꽉 차 있는 당신이여
당신 안에서 나 하나 됨으로
당신 능력으로 살기 원합니다

나이 탓일까

나이 탓일까
꿈이 생시 같고
또 생시 일이 꿈인가 싶고

옛 어른들 말처럼
갈 때 가까워진 징조인가
환각 속에 사는 건 아니다

이따금 지난 삶이
주마등처럼 스쳐 간다
근래 그 횟수도 잦아지는 듯……
과연 가까웁다는 징조일까

솔직히
그때, 그 사람들 그립고
그 일, 그 사건들이 그립다
그래서 내 잠재의식 속에서
과거, 현재, 미래는 하나 된다

가끔 대면하여 만나지 않는 한
산 자와 이미 이 땅에
없는 자가 별 차이가 없으니
내 기억 속에서
살아 있는 자나 죽은 자는 같다
이 또한 나이 탓이려니

그 모든 나의 상념들은
생시처럼 꿈꾼 그대로
하나의 사실로서 그 나라에서
실현될 귀중한 나의 소망들로
고귀하게 성숙시켜 가련다

여호와가 사랑하는 사람

당신은 주님 마음에 드는 사람인가요
늘 하나님과 사람들에게 섭섭함을 주나요
하나님 마음에 꼭 드는 사람이 되세요
아울러 사람 누구에게나 사랑받으세요

믿음 생활을 형식적으로 하지 마세요
성령님의 감동을 덧입으셔야 돼요
참 그리스도인으로 살아가십시오
성령 감동 없는 봉사는 회칠한 무덤이지요

주님 마음에 싫어하시는 몇몇 가지를 피하세요
위치 모르고 분수 지나치는 교만은 버리세요
거짓된 혀와 거짓을 말하는 망령된 증인 되지 마세요
예수를 십자가에 피 흘리게 한 무고죄를 범치 마세요

복 있는 사람은 악인의 꾀를 좇지 말라 하셨거늘
악한 계교로 형제 사이를 이간시키면 안 되지요
입으론 화목을 외치면서 어둠 속에서 덮치려 마세요
교회의 평화를 만드는 자를 여호와는 사랑하십니다

음성

나는 안다
내 님의 음성을

풀잎 스치는 바람 소리요
잔잔한 물결의 일렁임이며
소록소록 나리는 흰 눈 소리다

부드럽고 세미하다
귀에 들리는 듯 마는 듯
마음으로 느껴지는 음성이다

행여 그 음성 놓칠세라
내 영혼 온통 집중하여
감미로운 님의 음성 듣노라

나는 안다
사랑하는 님의 음성을

우리 그렇게 살자

삶과 생명을 찬미하며
자연의 섭리 속에서 초월자 하나님을 느끼며
영광 드리며 감사하며 기뻐하며
우리 그렇게 살자

창조자의 깊은 섭리를
우리 피조물이 어찌 헤아릴 수 있으랴
인간 구원의 대 드라마는 그분의 주권임을
인정하며 살자

생기를 거두어 가시는 순간
우리는 다시금 한 줌의 진흙으로 돌아가고 말진대
우리 육신의 일을 위해 이토록 우리를
소모해야만 할까
둔탁한 질그릇으로라도 빚어 주신 은혜에
항상 눈물로 감사하며
우리 그렇게 살자

가슴에서 가슴으로 포근히 느껴지는 사랑을 지니고
마음에서 마음으로 살며시 와닿는
이해와 관용을 가지고

부정적이거나 좋지 않은 말은 마음속에 품지 말고
글로 표현도 말고 입에 담지도 말고
그리하여 우리 모두를 지배하는 생각과 말과 행위가
선함과 사랑과 관용으로 충만해지며
주님 말씀을 망령되이
인용구로서만 쓰는 어리석은 자 되지 말고
마음으로 행동으로 전심을 다해 실천하며
우리 그렇게 살자

형제들 간의 대화가 세상사가 아닌
주님의 말씀으로 교제하며
하늘나라의 영광과 영생의 화제로 꽃피우며
그리하여 우리 교회를
장차 가게 될 우리 모두의 본향과 같은
작은 낙원으로 가꾸어 가는 정성된 마음으로
우리 그렇게 살자

우리 삶의 목적이 뚜렷하고 목표가 자명할진대
말씀 따라 푯대를 향해 믿음 소망 사랑의 정열을 품고
사랑으로 우리 함께 손에 손잡고
끌어 주고 밀어 주고 격려해 가며 우리 그렇게 살자

그 고향집 향해

묵묵히 걷는다
뒤돌아보면
아스라하다 지나온 길이
그 길들 어느 곳에도
애틋한 추억 서렸어라
아 아, 그때의 친구들
그때의 잊을 수 없는 그 일들……

지나온 그 길과 세월 속에서
맘속에 남아 있는 온갖 추억들
아름답기도 하여라 그리워라
그 길에 민들레꽃 진달래꽃 피었어라
푸른 풀숲 위로 봄바람 살랑 불고
봄에 취해 꿈에 취해 노래에 취해
파랑새 좇아 언덕 넘고
무지개 좇아 가슴도 뛰었어라

흐르는 세월 따라 저 구름 따라
참 머나먼 길 걸어왔구나
결국은 행인이요 나그네 길이었어라
여기까지 이른 삶의 길목에서
내 삶의 확실한 목적지를 깨달았다오
삶의 추억들일랑 가슴에 묻고
돌아갈 내 고향 집 향해 걸어가네
내 삶의 남은 여로가 실로 가슴 벅차다
사랑스러운 그대여 나와 동행해 주렴
오늘도 묵묵히 나는 걸어가네

님과 나의 만남

님은 살며시 나를 찾아오셨습니다
혹 저항할세라 회피할까 봐
님은 실로 나로 깨닫지 못하게 찾으십니다
이른 비 늦은 비로, 봄 이슬로 가을 서리로
님은 나를 흠뻑 적셔 주십니다
그렇게 님은 나를 찾아와 만나 주시고
물로 피로 성령으로 씻어 주셨습니다
영창으로 살며시 찾아오는 저 달처럼
소슬한 가을바람에 문득 깨닫는 님의 숨결로
그렇게 님은 살그머니 찾아오셔서
나를 님 안에 꼬옥 품으셨습니다
어미가 잠투정하는 아기를 품에 안듯
아비가 아파 우는 자식을 불쌍히 여김같이
그처럼 님은 날 늘 품어 주셨습니다
황량한 광야 길에서 기진할 때
한 송이 들 떨기로 나를 먹이십니다
광풍 이는 삶의 파고 속에서도
잔잔한 음성으로 소망을 부어 주십니다
님과 나와의 만남은 실로 내게
이 음침한 사망의 골짜기를 지나기까지
오아시스요 광명한 빛이요 나의 힘이었습니다

그런 사람이고 싶다

있었으면 할 곳에 꼭 있고
있었으면 할 때에 있어 주며
날 필요로 하는 사람들 속에
늘 함께 있어 주는 그런 사람이고 싶다

비록 침묵한다 할지라도
실제 큰 도움은 못 될지라도
그래도 같이 있음으로 해서
위로가 되는 그런 사람이고 싶다

자애롭고 순수하고 사려 깊어
하늘 주는 뜨거운 열정을 지니고
외롭고 지친 이웃들과 웃고 우는
주님 마음 지닌 그런 사람이고 싶다

주님을 사랑합니다

님께서는 날 어떻게 생각하실까?
떫은맛 가시지 않은 풋감이겠지요
입도 댈 수 없도록 신 설익은 신 포도?
님의 심중에 합하기엔 요원할 뿐인
덜 익은 벼 이삭이라고 하시겠지요

만삭되지 못해 난 고로 덜 찼습니다
옛 성품이 계속 살아나선 날 지배합니다
새사람으로 새로 태어나
님의 길 가려 호렙산을 향해 갑니다
내 마음의 성산에서 님이여 늘 거니소서

사랑하는 님이여 내 맘 보여 드릴까요
님은 내 전부, 님만이 내 사랑의 대상임을……
난 실로 님께만 꽉 붙들렸지요
그 갇힘 그 붙들림 속에서 비로소
님 주시는 환희와 자유를 만끽하지요

새벽의 설레는 가슴 깊숙이로
싸늘한 대기는 영혼을 상쾌히 해 주고
앙상한 겨울나무 끝에 살짝 걸린 샛별로
님은 맑고 밝은 미소 흘리시며
찌르르 님의 사랑 내게 그득 부으셨네

로뎀 나무 아래 누워 죽기를 구하며
생각의 굴레 속에 갇혀 낙심할 때에
인생의 디베랴 바다에서 밤새껏
공허와 좌절의 허무만을 낚았을 때
오! 님은 사랑으로 내게 힘을 주셨나이다

이제 내게 님의 마음을 보여 주세요
당신께서 나를 불러 찾으셨기에
한없는 연민의 정으로 날 사랑하시노라고……
내 생명의 옹달샘 님을 마시려
언제나 어둔 새벽 가르고 님 품에 안겨
사랑한다고 사랑한다고 외친답니다

회개하라

아! 어둡구나
컴컴하구나
양심 비뚤고
음흉한 자들 있어
음울하고 암울하구나

소경이 어찌 소경을
인도할 수 있으랴
소경의 인도받는
저 양 떼들이
불쌍하구나

불을 밝혀 다오
양심의 촉광을 올려라
언제까지 손바닥으로
해를 가리려는가
언제까지…… 언제까지

뇌성벽력 천둥 속에
천사장의 나팔 소리
멸망의 불덩어리
네 앞에 닥쳤으니
지금 바로 회개하라

눈을 뜨고 보아라
귀를 열고 들어라
불의한 일을 그쳐라
임박한 진노를 피하거라
회개의 합당한 열매 맺어라

7부

그립다

님의 계시 • 사랑하는 벗에게 • 그립다 • 주님의 사람
말씀 위에 설 때 • 님의 품 • 님은 나의 최고봉
신비 • 그날이 가깝다오 • 나 그렇게 살리
내 영혼의 때를 위하여 • 열매 • 그리움 • 보시기 좋게 이루소서
놀라운 주님의 은혜

님의 계시

새벽 가르며
동녘에 떠오르는 태양
저녁노을 붉게 물들이며
서산으로 지는 해
숲의 바람 소리
새들의 지저귐
시냇물 졸졸 흐르는 소리
거대한 파도의 포효
호수에 드리운
아름다운 달

역사의 변천과
제국들의 흥망성쇠
문명과 문화
이스라엘, 선민의 역사
돌아갈 본향 사모하는 마음
인간의 양심의 소리
님의 보이지 않으나
영원한 능력과 신성
바로 그것이
님의 계시입니다

사랑하는 벗에게

나의 벗이여
그대 날 그대의 벗이라네
그대는 내 친근한 길벗
벗과 동행함으로
인생길에서 지치지 않고
벗의 속삭임으로
힘 또 힘을 얻네

사랑하는 벗이여
무슨 말로 감사를 전하리오
고맙고 고맙네 내 벗 됨을
사랑하는 벗이여
험한 길에 내 지팡이 되고
어두운 길 밝혀 주고
올바른 생각의 좌표 됨을

소중한 동반자 내 벗이여
다정다감한 귀한 벗이여
내게 벗하자며 다가와 속삭일 때
그대 아는가?

내 기쁨과 벅찬 감격을
그 순간 벗은 내 전부가 되고
실로 내 삶의 동력이 됐다오

벗이여 사랑하는 벗이여
작은 시냇가에 종이배 띄우고
푸른 하늘 뭉게구름 바라보며
앞날에 함께 가슴 부풀던 벗이여
폭풍우 흑암 속에서도 함께하며
벗의 끊임없는 위로와 격려로
모든 어려운 순간을 이김을 감사하오

내 영원한 동반자 나의 길벗
부족한 날 친구라 벗이라 부르며
깊어 가는 우정 속에서 내 영혼을
믿음과 소망과 사랑으로 불태우네
영원을 동행할 벗의 약속 있음에
참으며 믿으며 바라며 견디어 이기리라
내 전부가 된 그대 내 벗이 내 삶의
최고의 목적임을 마음을 다해 고백하네

그립다

그리움은
가슴을 애틋케 하네
어떤 연유로 비롯되었든
많은 그리움 있네

그리운 생각은
삶의 와중에서
어느 순간 문득
사무치게 아니면 스치듯
날 온통 사로잡네

뒤돌아보면 아스라이
지내 온 세월 속에서
숱한 일을 겪었으며
얼마나 많은 그리움이
차곡차곡 쌓였는가

빠르게 지나가는 시간 속에서
현실의 삶에 내일의 삶에
분주히 쫓기느라 경황이 없어

곰곰이 찬찬히 되씹어 볼
그 추억의 순간들을
얼마나 등한히 지나쳤는가

님과의 만남이 너무 소중하네
여기까지, 아니 영원을
함께 공유하면서
어느 순간 어느 때라도
함께 추억을 회상하며
지나온 세월을
맞이할 영원의 시간을
같이 나눌 수 있음에
너무 행복하여라

우리의 삶은, 또 만남은
우리의 함께 나눌
그리운 추억들 있음은
결코 우연이 아니며
사랑하는 내 님의 선물이네

주님의 사람

늘 기쁘고
바빠지고
이뻐진다 느끼세요

그대는 은혜받은
성령 충만한
주의 자녀입니다

삶의 의욕과 소망 불타고
삶의 시간을 아껴 쓰며
늘 도전하고 지혜를 구하나요

그 마음 주신 이 주님입니다
높은 이상 고귀한 진리 갈망하는
그 마음 님의 축복입니다

추녀 밑 섬돌 위에
오랜 세월 떨어진 빗물 방울이
섬돌을 우묵 패게 만들 듯이

그대 오랜 세월의
기도 간구 그리고 드린 헌신
주님 기억하사 때가 되면

전심 다해 찾고 구한
주님 얼굴 그대 향해 드시고
그 마음에 합한 자의 삶을

늘 기쁘게 하시고
주의 일로 바쁘게 하시며
얼굴 환히 이쁘게 만드시지요

말씀 위에 설 때

한 줄 글에도
마음 생각 뜻이 담기고
한 마디 말 속에
의지 결단 행동이 따르네

인격적 만남으로
옛사람 새사람 되며
신의 성품 예수 성품 닮네
빛 소금 향기 되네

매일 죽으며
많은 싹 틔우네
제 십자가 지고
예수 흔적 지녀 가네

안개 이슬 꽃잎처럼
스러지고 마는
삶의 애환에
웃으며 울며 동요 안 하네

말씀 위에 굳게 설 때
영원한 영광 보네
믿음 소망 기쁨으로
주 뜻 안에 살게 되네

님의 품

내 님 어디 계실까
찾을 필요 없네
님 내 속에 난 님 품속에
하나 되어 함께 있네

내 님 강한 손 오른 품에
날 꼭 품으시고
내 걸음걸음을 인도하네

새벽 눈뜨면 내 님은
소곤소곤 밀어로 속삭이며
내 영혼을 환희로 채우네

님은 내 마음에
기쁨 감사로 채우고
내 나약한 의지를 강하게
이 세상 이길 힘 주어 채우네

내 님은 내게 모든 것이네
님 품에서 두려움 어두운 그림자

봄볕에 눈 녹듯 사라지고
오직 가슴 벅찬 기쁨만 솟네

내 님은 쉼 없이
찬미와 아름다운 시로
봄의 교향악으로
색색의 가을 단풍으로
여름 신록으로 겨울 눈보라로
내 영혼에 늘 속살기네

내 사랑하는 내 님은
천년을 하루처럼 내게
내 님의 무궁한 지혜와
넓고 깊은 님의 사랑을
깨닫고 알게 해서
성결하고 거룩하게
날 변화시켜 가네

난 내 님 품에 내 님은
내 품에 우리 하나 되었네

님은 나의 최고봉

나의 무지함을 연약함을
가슴 아파하며 안타깝게
티끌과 재 가운데서 한탄하네

님의 전능을 전지하심을
광대함을 무궁한 사랑을
내 얕은 지식이 옅은 지혜가
꽉 찬 세상적 사고방식이

어찌 깨닫고 알고 헤아리리오
님은 그리스도 여호와시오
스스로 영존하시며
끊임없이 창조하고 다스리고 일하며

오직 유일한 우주의 통치자 주권자임을
님의 기쁨을 위해 영광 받으시려 날
님 형상대로 만물의 으뜸으로 지으셨음을
어찌 제가 헤아릴 수 있나요

님 주신 생명 의지 고귀한 영혼을
선악과에 미혹되어 팥죽 한 그릇 유혹에
세상 정욕에 팔아 버리다니……
아… 아… 그렇듯 난 님을 배반했는데……

님은 그 영광의 보좌 버리고
사람 몸으로 이 땅에 오사 십자가를 지셨으니!
님의 사랑을 어찌 헤아리며 표현하리오
그래서 늘 내 기도는 욥의 고백일 수밖에

무소불능 무슨 경영이든 이루시는 님께
내 무지함으로 님의 이치를 가리지 않고
오직 님 얼굴 뵙기를 소원하네
님은 실로 나의 최고봉이요 모두라오

신비

아직 언 땅 비집고 생명의 싹 움 틔우니
자연은 신비하고 조화롭다
봄 오는 길목 버티고 괴롭히는
짓궂고 쌀쌀한 한파 이기고
뾰족 머리 내민 크로커스 한 송이
샛노란 개나리꽃의 청초함
신비롭지 아니한가

파르스름하게 물오른 나뭇가지에
분홍 꽃 피고 연초록 잎 돋아나네
물오른 가지마다 새들 찾아와 지저귀네
생명의 새봄 어김없이 왔구나
찬란한 봄 치장에 모두 모두 분주하네
이 새봄 내 영혼도 활짝 피어라
움츠렸던 가슴과 마음에 새봄 주는
약동하는 새 활력과 새 꿈을 채워라
새봄의 신비함으로 새롭게 거듭나라

햇살이 밝고 따사롭고 환하다
나뭇잎은 미풍에 나부껴 하늘거린다
봄 가고 여름 시작하는가 싶더니 또
가을을 재촉하고 눈발 치는 겨울 오리라

이렇듯 자연은 겨울 속에서 봄을 준비하며
끊임없이 생명 이어 가니 참으로 신비롭다
우리 인생도 영생의 영광 길 위해
끊임없이 새 생명으로 거듭나야 할 미완성품이다
누구에게 새 생명을 구할 것인가
생명의 주인은 오직 우리 주님이시네

그날이 가깝다오

이제나저제나
곧 오실 터인데
언제까지 머뭇거리려는가
하룻강아지 범 무서운 줄 모르고
참새가 곧 죽어도 짹 한다고
아무리 제 잘난 맛에 사는
인생이라 큰소리쳐 보아도
결코 피할 수 없는 일이
그대 앞에 아주 가까이 왔다오

그 마지막 날
해는 어두워지고
달은 빛을 내지 아니하고
별들은 하늘에서 떨어진다오
그때 그대 통곡하며
두려움으로 맞을 것인가

그 큰 두려움의 날이 이르기 전
지금 주님 믿음으로 구원받아
그날 큰 영광 중에
권능 속에 구름 타시고
천군 천사 우렁찬 나팔 소리 따라
심판자로 오시는 전능 왕을
기쁨으로 감격으로
맞아야 되지 않을까

그때가 바로 문 앞에 닥치고
그날이 심히 기까웠으니
모두 주 영접하여 구원을 받세

나 그렇게 살리

창조주 여호와를
늘 기억하고
예배드리며
기도하며
찬송 부르며
나 그렇게 살리

자존자 여호와를
늘 묵상하며
시도 쓰고
음악도 듣고
사색도 하면서
나 그렇게 살리

권능자 여호와를
늘 의지하며
산에도 가 보고
겨울의 바닷가도 거닐고
삶의 의미도 곱씹어 보며
나 그렇게 살리

심판주 여호와를
늘 경외하며
살아온 날들 살펴보며
현재에 충실하고
마라나타! 소망 속에
나 그렇게 살리

내 영혼의 때를 위하여

님이여 채우소서
온 우주를 채우시고도 남을
그 충만으로 날 채워 주소서
님은 내 호흡 속에 생명 속에
생각 속에 늘 계십니다

그러나 덜 채워진 듯한
부족함을 왜 느끼는 걸까요
그 모자람을 충만케 채우소서
님은 내 아픔 속에 기쁨 속에
부족함 속에 함께 계십니다

지나온 세월 속에서
현재 삶 속에서
또 남은 생애 가운데
님의 충만을 주옵소서

짧은 육신의 때에
구원의 영생의 우물에서
내 영혼의 영원한 때를
길어 낼 그 충만으로 채워 주소서

열매

가을이 아름답고 풍요로운 건
열매가 있기 때문입니다
빨갛게 익은 사과가
주렁주렁 달린 과수원
달덩이 같은 하얀 박이
덩그러니 얹혀 있는 초가지붕
그림처럼 아름답고 풍성한 광경
그래서 가을은
풍요롭고 아름다운 것입니다

인생의 가을이
아름답고 풍성하기 위해
많은 열매를 맺어야 합니다
우리 인생을 도우시는
하나님이 함께하실 때
수고의 아름다운 열매를
풍성히 맺게 됩니다
착하고 의롭고 진실한 열매입니다
사랑과 화평과 희락의 열매입니다

그리움

근래 부쩍 더 간절하네
어린 시절부터 지금까지 삶 회상하네
소중한 인연들 생각나네
그리움에 마음 사무치네

그리운 사람의 모습은
세월이 한참 흘렀을지라도
늘 마음속에 생각 속에
때로는 희미한 영상으로
또, 때론 생생하게
그 모습이 떠오른다

아직 살아들 있을까
나의 님께 그들 영혼 부탁하네
님과 동행한 삶들이었을까
이제라도 님 영접하면 좋으련만

그리하여 더욱
그리움이 솟구치고
보고픈 마음
너무 간절해지고
이루어질 길 없는 꿈이기에
애틋한 맘 눈시울 겹다

머지않아 님의 나라에서 만나
그동안 단절되었던 삶의 얘기들을
그때 그 시절 깔깔대며 그랬듯
영원을 거닐며 마냥 얘기하고 싶다

어린 시절로부터
이제 이 날 되기까지
마음속에 새겨져서
추억 속에서 늘
함께 있어 온 그리운 사람들
나도 그들의 그리운 사람일까

보시기 좋게 이루소서

님의 선하심을 닮게 하소서
아름다운 풍경에 아름답다 느끼며
기쁠 때 마음껏 기뻐하며
슬픔 앞에 더불어 슬퍼하게 하소서

선한 일을 보고 들을 때 감격해 하며
세상의 온갖 악한 소식에
거룩한 분노로 님께 기도케 하소서

오! 님이여 바라고 구하오니
늘 상하고 애통하는 마음을 주사
님 친히 다스리는 그 나라 구하게 하소서

님의 마음으로 님의 형상까지 닮게 하사
저 언약 시대의 종들처럼
예수의 사도들과 믿음의 선진들처럼
그렇게 닮을 수 있게 하소서

님이여! 사랑하는 님이시여!
님 보시기 좋게 이루소서

놀라운 주님의 은혜

놀라운 주님의 크신 은혜
그 크신 사랑을 어찌 다 말하랴
사망의 순간에서 건지시고
온몸 구석구석 감싸신 듯
엄청난 그 충격의 순간
모든 상함에서 온전히 옮기셨다

그 놀라운 주님의 보살피심
그 은혜와 사랑 어찌 다 말하랴
말한들 믿어지겠는가
오직 믿는 마음에 주시는 확신을
야훼 하나님을 찬양하라
그대 힘으로 생명의 호흡할 수 있나

그대의 인생을 조종할 수 있는가
앞일을 예견하고 계획하고 성취할 수 있나
오직 야훼 하나님께서만이
그대의 앉고 일어섬과 그대 삶 모두를
그 크신 은혜로 늘 차고 넘치게 채우시네
할렐루야!

8부

기도는 마음의 고향

달 • 내 마음 2 • 기도는 마음의 고향
여호와께 기도하거든 • 새벽지기 • 빛과 어둠 • 님은 누구신가요
도리를 하자 • 마음과 마음으로 • 동산에 올라 • 오! 주님
오! 디베랴 바다여 • 나의 님에게
빠른 세월 속에 남는 그리움 • 우리 부부 2

달

달이 웃는다
밝은 달이 환히 웃고 있다
밝은 달아 웃어라 웃어라
웃어라 어둠 밝혀라

달이 우네 달이 우네
검은 구름에 가려
달 우네 슬피 우네
달아 울어라

웃고 울며 모두 녹여
너 향해 미소 짓는
너를 보며 한숨 짓는
애틋한 아픔 씻어 주렴

삶의 애환 함께한 달아
언제나처럼 웃고 울어라
네 밝은 얼굴 쳐다보며
널 만든 분 깊은 뜻 헤아린다

내 마음 2

주님 향한 걸음이다
애절한 가슴 님 묻어나네
사모의 정에 핑 도는 눈물
마음으론 님과
늘 동행하면서도
삶 속에서
산산이 부서지네

그러나 내 맘
님께 고정되어
찬란한 봄 꿈꾸는
저 겨울나무처럼
모진 한파 이기고
때 되면 움 틔어
생명 꽃피우리라

가슴에 주 음성 품고
걸음걸음 주 향할진대
아 아…… 도달하리라
그 빛나고 높이 계신
내 님 곁까지
님 옷자락 잡고 기뻐
섧게 섧게 울리라

걸음걸음 주님 향하네
온 마음 주님 바라네
내 영혼 섧게 우네
님 사랑 겨워 흐느끼네
내 영혼 님께 속했네
내 전부 주님 것이라
아 아, 내 사랑 주님이여

기도는 마음의 고향

제각금 맘속 깊은 곳에
자기만의 마음의 고향이 있지요
그리움 아쉬움 아름다움으로 가득 찬
그 영원한 곳 내 쉼을 얻을 수 있는 곳
기도는 늘 나를 그 고향으로 데려가지요

곧게 쭈욱 벋은 미루나무 서 있는 고향의 동네 어귀
채 녹지 않은 살얼음이 떠다니는 괸 논물 위에
햇빛은 찬란히 부서져 눈부신데
보라! 갓 부화하여 활발히 움직이는 올챙이 떼
우리도 이 봄엔 약동하는 새 생명으로 옮겨 가자

걱정도 팔자라고 했지요
우리 모두 우리 주와 동행할 선택된 자들이며
믿기우는 만큼 이루리란 약속을 가졌지요
때론 새벽도 깨우자, 늘 마음을 일으키자
체념과 나태가 그대 운명을 묶지 못하게……

발가벗고 적나라하게 서야겠지요
위선과 가식은 그분께 통하지 않으니까
내 꿈과 낭만, 실패와 비탄, 응어리와 소원을
꿈꾸며, 보채며 기도 속에 내려놓고
주의 품 그 고향에서 포근함을 회복하자

보이지요, 들리지요, 느껴지죠?
아지랑이 속에 아른대는 생명의 움직임이
꽁꽁 언 땅 비집고 움트는 새싹의 환희가
하늘하늘 와닿는 미풍의 싱그런 자유스러움이
그렇듯 기도의 영은 마음의 고향에 가득하지요

시절 따라 다른 꿈과 낭만의 향수가 어리고
바라고 염원하는 그리움과 아쉬움의 실체가 있고
끝없는 평화와 고요와 쉼이 있어
우리의 기쁨과 온갖 바램이 이루어지는
내 마음의 고향은 깊은 기도 속이어라

여호와께 기도하거든

여호와께 기도하거든
주는 하늘에서 들으사
저희 가족을 모든 길의 위험과 악한 자의 손과
질병과 재앙과 재난과 사단의 권세에서 지키소서

여호와께 기도하거든
주는 하늘에서 들으시고
내게 복에 복을 더하시고 나의 지경을 넓히시고
주의 손으로 도우사 환난을 벗어나 근심이 없게 하옵소서

여호와께 기도하거든
주는 하늘에서 들으사
내게 복을 주시고 나를 지키시기를 원하며 그 얼굴을 내게 비추사
은혜 베푸시기를 원하며 그 얼굴을 내게 향하사 평강을 주소서

여호와께 기도하거든
주는 하늘에서 들으사
세상의 전쟁과 테러와 기근과 지진과 공포와 살상과
증오와 불화 그리고 반목과 질시와 부조화가 사라지게 하소서

여호와께 기도하거든
주는 하늘에서 들으사
우리를 사랑과 희락과 화평과 오래 참음, 자비, 양선, 충성, 온유
절제, 그리고 선함과 의로움, 진실한 성품으로 성화시키소서

여호와께 기도하거든
주는 하늘에서 들으시고
우리로 믿음에 덕을, 지식을, 절제, 인내, 경건, 형제 우애를
사랑을, 소망, 지혜, 명철, 근신, 정직을, 정의의 주님을 닮게 하소서

여호와께 기도하거든

주는 하늘에서 들으사

주님 성품 신의 성품 그리스도 충만 성령 충만 은혜 충만

믿음 충만 감사 충만 하나님 충만한 크리스천으로 변화시키소서

여호와께 기도하거든

주는 하늘에서 들으시고

나의 산성, 방패, 피할 바위 되시고 나의 반석, 나의 요새

구원의 뿔 되시고 나의 힘, 나의 하나님, 나의 여호와가 되옵소서

여호와께 기도하거든

주는 하늘에서 들으사

주의 언약을 지키시고 은혜를 베푸시며 기도와 간구를 돌아보시며

주의 눈이 주야로 보옵시며 주의 기름 부은 자에게 은총을 베푸소서

여호와께 기도하거든
주는 하늘에서 들으시고
나로 허탄과 거짓말을 내게서 멀게 하옵시며 가난하게도 부하게도
마옵시고 오직 필요한 양식으로 먹이시옵소서

여호와께 기도하거든
주는 하늘에서 들으사
내 영혼으로 주를 찬양하고 내 마음으로 구주를 기뻐하게 하시고
지극히 높은 곳에서는 하나님께 영광! 땅에서는 평화가 넘치게 하소서

여호와께 기도하거든
주는 하늘에서 들으시고
아버지의 때가 이를 때 아들을 영화롭게 하사 아들로 아버지를
영화롭게 하옵시고 창세 전 함께하신 영화로 날 영화롭게 하여 주소서

새벽지기

어느 새벽 시간에
우리말의 접미어로 쓰이는
귀한 의미 주는 단어가
내 귀에 마음에 와닿다

새벽 예배자는 새벽지기라는
그 지기라는 단어의 신선함!
그래서 지기 붙은 어휘를 찾으니
한결같이 좋은 의미인 거다

등대지기, 문지기, 산지기, 창고지기……
성경에도 언급되곤 하는
청지기, 동산지기, 성문지기, 망대지기……
꽤 많은 좋은 어휘들을 발견하다

얼마나 아름답고 정겨운가
새벽을 깨우는 새벽지기 어휘가
그 의미 되새겨 보니
파수꾼이요, 사명자요, 지키는 자다

귀한 종 입에서 표현된 어휘 하나로
나의 맘에 기쁨과 설렘 일으키다
내 기꺼이 감람원지기 되리
천국 문지기 되리라

빛과 어둠

빛과 어둠이 함께할 수 없지요
빛 앞에 어둠은 물러갑니다
그런데 말이죠
맘속 한번 드리운 어둠의 조각이
쫓아내려 애써도
쉽사리 물러가질 않고
오히려 밝은 빛조차
되레 밀쳐내 가면서
날 짓눌러 장악하려 하는 거예요

난 당연히 괴로워했지요
그럴 수밖에 없는 것이
맘속에 비밀스러운 어둠 품고 있는 걸
내 님이 너무 싫어하신다는 걸
너무 잘 알고 있잖아요
님께 사과하면서 한편으론
극복할 방법 찾아 달라고
참 오래오래
울부짖어 마음을 찢었답니다

어제였습니다
님은 다시금 말씀하셨어요
빛 앞에 서라…….
다시는 어둠의 조각을 네 속에
더 이상 남겨 두려 하지 말아라
아 아-------그렇지요
빛 앞에 어둠 존재할 수 있나요
빛과 어둠이 공존하겠어요
어둠은 참 빛 앞에서 사라질 뿐입니다

님은 누구신가요

님은 누구신가요
나는 여호와니 이는 내 이름이니라
님은 누구신가요
나는 여호와 너희의 거룩한 자요
이스라엘의 창조자요
너희의 왕이니라
님은 누구신가요
나는 모든 육체의 하나님이라
내게 능치 못한 일이 있겠느냐
님은 누구신가요
여호와라 하는 영화롭고 두려운 이름이라
님은 누구신가요
나는 스스로 있는 자니라
님은 누구신가요
나 곧 나는 여호와라 구원자니라
님은 누구신가요
나는 처음이요 마지막이라
나 외에 다른 신이 없느니라
님은 누구신가요
나는 빛도 짓고 어둠도 창조했노라

님은 누구신가요

나는 하나님이라

나 외에 다른 이가 없느니라

나 같은 이가 없느니라

님은 누구신가요

일을 행하는 여호와

그것을 지어 성취하는 여호와

그 이름을 여호와라 하는 자라

님은 누구신가요

나 여호와는 말하고 이루느니라

님은 누구신가요

나는 너희를 치료하는 여호와니라

님은 누구신가요

여호와 곧 하늘을 펴며

땅의 터를 세우며

심령을 지은 자니라

님은 누구신가요

나는 알파와 오메가라 이제도 있었고

전에도 있었고 장차 올 자요 전능한 자라

도리를 하자

사람의 도리라 하지
살면서 사람으로서 마땅히
행해야 할 일들을 도리라 하지

주님께 합당한 도리 행함이
마땅한 성도의 본분 아닐까
그대 도리를 행하는 자인가

언제나 주의 일 행하는 성도
모든 일을 하나님 뜻에 맡기며
하나님의 말씀대로 살아가는가

그대 하나님의 사람아
하나님께 마땅한 도리 하는가
엄청난 은혜에 감사한 도리 하나

무한한 구속의 선물 받은 그대여
죄인의 괴수 중 괴수인 그대였건만
하나님은 그대를 은혜로 구하셨다

그대의 도리를 다하고 있는가
주님께 감사 찬송 순종하는가
마땅히 행할 도리 다해 영광 올리세

마음과 마음으로

마음이라는 말이
곱고 귀하게 여겨진다
마음속에
생각이 정신이 영과 혼도
모두 함께 있네

마음 마음 마음
마음속에 모두 다 있네
내 마음도 네 마음도
마음속에
호수도 달도 바람도 있네

마음속에
그리움 있네 추억이 있네
슬픔도 기쁨도 후회도
미움도 사랑도 있잖은가
마음아 마음이여

마음 다스리는 자가
마음을 얻으며
마음 다스리는 자가
천하 만물 다스리리니
그대 마음 온전히 다스리라

마음이 마음 아네
마음이 마음 읽으며
마음으로 마음 전하며
마음으로 마음 비취니
마음에서 마음 흐르네

좋은 마음 선한 마음 기쁜 마음
믿음의 마음 소망의 마음 사랑의 마음
마음 지으신 님께 온전히 드리세
님, 내 마음 아네 나, 님 마음 아네
님 마음 내 마음 내 마음 님 마음 하나네

동산에 올라

둥근 달 환한 달
북두칠성 북극성 카시오페이아
남쪽 나라 십자성은?
이곳은 어디인가?
되찾은 에덴동산

캠프파이어의 불길
환함과 뜨거운 열기
오! 성령의 불길이여
내 영혼을 밝히시고
심령을 태우소서
빵과 포도주의 애찬을
마시며 씹으며
사랑을 나누며
순종을 다짐하며
감사에 목이 멘다

손에 손에
촛불 밝혀 들고
자기 몸 녹여
어둠 밝히는
희생 고통의 교훈을 새길 때
손등 위로 뜨겁게 흐르는
촛물 방울은
겟세마네 동산에서
흘리신 주님의 피눈물인 듯

애잔한 달빛
그리움 일깨 주는 별빛 속에서
밤 동산 스쳐 가는 미풍 속에서
삶을 돌이켜 보며
섭리해 주시는
주님 은혜에 감사드린다

막 말 배울 때에
가장 처음 배워
힘차게 불렀다는

〈예배당 찬가〉라는 의미를
세월이 까마득히 흐른
이제 깨닫게 하시다니……
오! 주님 찬양토록
지어 주심을 감사합니다
어린 생명들의 찬양이
내게
그 먼 옛적 기억을
일깨워 주었나 보다

낙원에서 실낙원으로
그리고 다시금 회복한
이 복된 동산에서
모두 하나 되어
한목소리로 부르는
찬가가 울려 퍼질 때마다
천군 천사도 환호하며 화답하듯
벅찬 감동에 가슴이 탄다

율동을 드립니다
찬양을 드립니다
어린아이 같은
순수한 믿음을 드립니다
주님 보좌 앞에서
나래 치며 경배 드리는 천사들
우리 모두 서로의 얼굴에서
환한 광채가 빛남은
주님 주신 풍성한
은혜와 사랑과 축복 때문입니다

오! 주님

명랑한 저 달빛 아래서
님의 음성 듣습니다
별빛 쏟아지는 숲속에서
님과 함께 걷습니다
포효하는 밤바다 속에서
님의 얼굴 봅니다

잠시 잠시 구름이 지나며
맑은 달을 가립니다
와스스 부는 스산한 바람결에
별빛이 흔들립니다
잠잠하라 명하시는 님의 음성에
파도가 잡니다

오! 님이여 가슴 벅차올라
세레나데 바치렵니다
별빛 숲속에서 낭만스러운
내 마음 모두 바칩니다
오직 내 님 생각에 빠져
환희로 충만해졌기에……

오! 디베랴 바다여

나는 늘
환상 속에서, 꿈속에서
디베랴 바닷가를 거닌다

그날 밤
그 바다 디베랴는
칠흑의 어둠 속이었으리라

이따금
뱃전을 때리는
포효하는 파도와 바람 소리뿐
사방 어느 곳에도 불빛은 없었다

그대는 아는가
그 바다 디베랴에서
그 밤 저들이 겪은 완전한 절망을……
새벽 맞도록 되씹었던
저들의 철저한 패배감을……

갈릴리 저편 디베랴 바다
처음엔 깊게 그물 드리우라 가르치셨고
더 나아가 순종의 그물 드리워라
말씀하신 그곳

오! 디베랴 바다여!
그대는 밤새 지친 저들에게
그물 그득히 물고기 채워 주도록
예비된 복받은 바다가 아니었는가!

연상하라…… 상상하라……
저들의 공포와 주림을 풀어 주시려
그 새벽 그 바닷가에
주님 손수 피워 놓으신
따스한 숯불과
구운 생선과 떡과 주님 마음을
와서 먹으라 하시는 그 음성을

끓어오르는 벅찬 감사여
찌르르 와닿는 주님의 사랑이여
디베랴 바다, 주님의 바다여!

주님 만날 환상에
늘 디베랴 바닷가를
이렇듯 거닌다

나의 님에게

님을 향해 한 점 부끄러울 것 없는
바위 같은 믿음 가지길 원합니다
님을 안 지 오래되었으되
그 마음 다 헤아리지는 못하였으나
내 삶의 힘 님에게서 나옵니다

어찌해야 님 기쁘게 해 드릴
미사여구를 찾을 수 있을까요?
해 아래 새로운 표현 찾기 어려워
님의 말씀 묵묵히 따르도록
바위 같은 믿음 주시기 바랍니다

끝없는 삶의 여로에서
때로는 절규하고 몸부림도 치지만
님을 소망하므로 인내하면서
바위로 다져 가시는 님의 뜻에
순종하며 감사드립니다

장부답게 허리띠를 동여매 보아도
여린 가슴 타고 흐르는 탄식은
님의 깊은 마음과 하나 되고져 하는
내 간절한 바람 때문입니다
오직 님의 부르심에 응하는 바위이고 싶습니다

온갖 시와 노래와 찬미로
님을 기리고 싶지만, 너무 부족하여
님을 향해 마냥 뜨겁게 타오르는
이 불덩이 같은 사랑을 드립니다
은근히 데워져서 이토록 뜨거워진
바위 같은 믿음을 님께 바칩니다

빠른 세월 속에 남는 그리움

이제 우리는 고향으로 돌아가려 해
그래도 내 돌아갈 본향의 절반쯤 되는 곳이
내가 나고 자란 고향이 아닐까 해서라네
정든 교인들과의 헤어짐은 날 슬프게 하나
허나 만나고 헤어지고 하는 게 우리 삶이지
그런 줄 알면서도 헤어져야 한다는 사실은
여전히 내 가슴에 아픈 아쉬움을 드리우네

그래서 우리 믿는 자들은 더욱 영원한 그 나라
헤어짐도 눈물도 없는 영원한 그 나라를 소망하지
그 나라에서는 함께 기쁨을 누리며 살게 되겠지
우리 믿는 자의 가슴에 충만한 그 사랑으로
맺어진 교제는 영원히 끊어지지 않는다네
이러한 소망이 있기에 우리는 기쁘게 떠나가네
빠른 세월 속에 남는 것은 짙은 그리움뿐이네

우리 부부 2

우리 부부를 다들 잉꼬부부란다
언제 어디서도 같이 있어서란다
지난해 결혼기념일엔 뭔가 멋지게 보내리라
훨씬 전부터 맘속으로 별렀으나
또, 여느 해처럼 서로 축하해란 말로
지나쳐 버렸다

우리 부부는 주어진 현실에
최선을 다해 충실하려 살아왔고
형제간 우애나 타인과의 관계에서
사람의 도리에 벗어나지 않으려
마음 써 가며 이제껏 살았다

우리 부부는 생각할수록 천생연분인가 보다
난 늘 나의 반쪽, 내 분신을 제대로
만났다고 믿는다
생각하는 것, 말하는 것 어쩜 그리 똑같은지
서로 놀란다 물론 틀릴 때도 있지만……

우리 부부도 여늬 부부들처럼 다투곤 한다
배려 않고 툭툭 내뱉는 말로 감정이 상해
말싸움은 물론 며칠씩도 무관심에 냉전 한다
한 가지 큰 원칙은 치명적일 수 있는
아플 말은 비껴간다
그래서 여기까지 오지 않았을까

우리 부부도 모든 부부처럼
인생 여정에서 온갖 시련을
똑같이 겪었기에 삶의 애환을 뼈저리게 안다
그러기에 인간관계에서 배려하고 포용하며
말로 작은 물질로 돕는 위치에 서려 힘써 왔다

우리 부부는 비록 겉으론 무심한 체 입술 발린 말
서로 않지만 속으론 서로 꽤 걱정한다
진심으로 위해서 기도한다
주님만이 실로 우리 부부 최고봉이시라
기대치에 미치지 못함 안타까워 애통해하며
그분의 긍휼을 힘써 구할 뿐……
그래서 보채는 아이 젖 주듯 돌보셨다

우리 부부는 여태껏 빌려줄지언정 꾸지 않으려 했고
성경 인물 중 착한 바나바를 좋아하고
충직한 갈렙을 본받으려 했다
우리 부부를 필요로 할 땐 하시라도 교회로 달려갔다
좋으신 주님은 구름 기둥, 불기둥으로 반석에서 샘물로
광야에서 풍성한 식탁으로 우리 대적을 꺾으심으로
기적과 표적으로 은혜에 은혜를 더하셨다

우리 부부에게 은혜 풍성하신 주님은 나약하고 부족한
우리 부부 위해 참 효심 깊고 마음 착하고 주님 잘 섬기는
귀한 딸을 둘씩이나 주셔서 이 나이에 효도 받게 예비하셨다
손자 손녀 재롱에 배꼽 잡고 웃어 심신이 젊어 간다
어느새 어른만큼 덩치 커지고 의연해지고
믿음직하게 자란 모습 보며 놀라며 가슴 뿌듯 기쁨 찬다
볼 만하다는 곳 비록 못 다닐지언정 그 나라만은 못할 터라
주신 축복 흡족하니 우리 부부는 남은 삶을 오직
어찌하여야 주님 기쁘게 할까 찬송하며 기도하며 그 길을
가려 한다

사랑하는 아내의 칠십 생일을 감사하며 이 글을 쓰다

| 홍승만 시집 |

생명의 미소

초판 발행일 2022년 10월 11일

지은이 홍승만
펴낸이 임만호
펴낸곳 창조문예사
등 록 제16-2770호(2002. 7. 23)
주 소 서울 강남구 선릉로112길 36(삼성동) 창조빌딩 3F(우 : 06097)
전 화 02) 544-3468~9
F A X 02) 511-3920
E-mail holybooks@naver.com

책임편집 김종욱
디자인 이선애
제 작 임성암

ISBN 979-11-91797-19-0 03810
정 가 12,000원

※ 잘못된 책은 바꾸어 드립니다.